S. Maria del Popolo
Christuskirche
S. Trinita dei Monti
Piazza de Spagna
Augustus Mausoleum
Fontana di Trevi
Palazzo del Quirinale
S. Pudenziana
S. Ignazio
S. Maria in Via Lata
Trajanssäule
S. Maria in Aracoeli
Kaiserforen
S. Maria degli Angeli
S. Lorenzo
TIBURTINO
Staz. Termini
S. Maria Maggiore
S. Prassede
MONTE VIMINALE
S. Pietro in Vincoli
Trajanstherme
S. Clemente
MONTE ESQUILINO
SS. Quatro Coronati
S. Croce
MONTE PALATINO
S. Giovanni in Laterano
S. Stefano Rotondo
MONTE CELIO
Caracalla-Therme

Georg Röwekamp

Rom

Zum Autor

Georg Röwekamp, Dr. phil., Jahrgang 1959, studierte Theologie mit Schwerpunkt Frühe Kirchengeschichte in Bonn, Jerusalem und Bochum. Von 1998 bis 2016 war er Theologischer Leiter und Geschäftsführer von Biblische Reisen in Stuttgart, seit 2016 ist er Repräsentant des Deutschen Vereins vom Heiligen Lande in Jerusalem.

Bibliographische Information der Deutschen Nationalbibliothek:
Die Deutsche Nationalbibliothek verzeichnet diese Publikation in der Deutschen Nationalbibliographie; detaillierte bibliographische Daten sind im Internet über http://dnb.dnb.de abrufbar.

Printed in EU

Das Buch wurde auf alterungsbeständigem Papier gedruckt.

Gesamtgestaltung: behnelux gestaltung, Halle (Saale)
Coverbild: Forum Boarium © Georg Röwekamp
Druck und Binden: GRASPO CZ, a.s., Zlín

ISBN 978-3-374-05002-4
www.eva-leipzig.de

Georg Röwekamp

Rom

Herausgegeben von Christoph vom Brocke und Christfried Böttrich

EVAs Biblische Reiseführer

EVAs Biblische Reiseführer

Bereits erschienen:

Band 1: Griechenland	ISBN 978-3-374-02463-6
Band 2: Jordanien	ISBN 978-3-374-02462-9
Band 3: Türkei – Westküste	ISBN 978-3-374-02587-9
Band 4: Türkei – Mittleres und östl. Kleinasien	ISBN 978-3-374-02610-4
Band 5: Ägypten	ISBN 978-3-374-02796-5
Band 6: Israel	ISBN 978-3-374-02841-2
Band 7: Syrien	ISBN 978-3-374-02825-2
Band 8: Rom	ISBN 978-3-374-05002-4

Übersicht

Inhaltsverzeichnis

Einleitung

Vierköpfige Herme auf dem Pons Fabricius (62 v. Chr.) zur Tiberinsel

»Nach diesen Ereignissen nahm sich Paulus vor, über Mazedonien und Achaia nach Jerusalem zu reisen. Er sagte: Wenn ich dort gewesen bin, muss ich auch Rom sehen« – so heißt es in der Apostelgeschichte (19, 21). Tatsächlich kam Paulus später nach Rom – aber als Gefangener. Es sind im Grunde nur die wenigen Verse über den Aufenthalt des Apostels am Ende der Apostelgeschichte (28, 16–31), die aus Rom einen »biblischen Ort« machen. Und dafür ein ganzer »Biblischer Reiseführer«?

Tatsächlich sind Spuren des historischen Paulus in Rom kaum auszumachen. Und die ältesten Zeugnisse bezüglich des Petrus betreffen die Verehrung seines Grabes am Ende des 2. Jh.s. Dennoch ist es kein Zufall, dass die Apostelgeschichte und damit das lukanische Doppelwerk aus Evangelium und erster »Kirchengeschichte« in Rom endet: (Erst) damit ist die Botschaft von Jesus ans Ziel gelangt, in die Mitte und Hauptstadt des Römischen Reiches. Und genau hierhin hatte ja Paulus bereits sein »theologisches Hauptwerk«, den Römerbrief, gesandt.

Rom hat die Bibel ins Abendland »eingepflanzt« und bildet sozusagen den »Brückenkopf« der biblischen Welt im Westen. Dieser »Biblische Reiseführer« erzählt die religiöse Geschichte dieser Stadt und beschränkt sich aus diesem Grund auch nicht – wie die anderen Bände der Reihe – auf die Zeit bis zum 3./4. Jh. Wie kaum eine andere Stadt bestätigt Rom die Definition, dass Kirchengeschichte – ähnlich wie die Geschichte der christlichen Kunst – die Geschichte der Auslegung der Heiligen Schrift ist (G. Ebeling). Immer wieder bezieht sich die Stadt auf biblische Gestalten, vor allem Petrus und Paulus.

So finden sich in Rom nur wenige im engeren Sinne »biblische Stätten«, aber eine umfangreiche Erinnerungslandschaft mit zahllosen Reliquien (»Überresten«). Die damit verbundene Frömmigkeit ist nicht nur evangelischen, sondern auch vielen katholischen Christen heute fremd – zumal dann, wenn man mit Sicherheit annehmen kann, dass es keine »echten« Reliquien sind. Andererseits spiegelt sich darin das Empfinden, dass Menschen und Orte, aber eben auch Dinge eine besondere »Ausstrahlung« haben können, zumal wenn sie eine Verbindung zu den Ursprüngen des Glaubens herstellen. Zugleich sind sie Ausdruck der Überzeugung, dass dieser Glaube konkrete Spuren in der Welt hinterlassen kann. Auch auf den ersten Blick merkwürdige Legenden und Traditionen sind Versuche, Elemente der biblischen Botschaft »fassbar« zu machen – paulinisch gesprochen: Sie transportieren diesen Schatz in irdenen Gefäßen (vgl. 2 Kor 4, 7). Die Orte selbst beweisen so wenig

Deckel eines Reliquienkästchens (6. Jh.) aus dem Heiligen Land mit Darstellung biblischer Szenen und Orte (Vatikanische Museen)

wie diejenigen im Heiligen Land; auch hier sind sie kein »fünftes Evangelium«, aber sie sind mal mehr, mal weniger deutliche Spiegelungen dessen, was Menschen von dem »Geheimnis, das seit ewigen Zeiten unausgesprochen war« (Röm 16,25), aufgenommen haben – sowie Versuche, das Andenken derer, die es verkündet haben, zu bewahren.

Und auch wenn Reisende gerade zu Beginn ihres Aufenthaltes in Rom den »garstigen Graben« zwischen den Anfängen Jesu im Stall von Betlehem und der römischen Pracht als sehr tief empfinden mögen – eine Reise in die Welt und Umwelt der Bibel ist ohne einen Besuch in der »ewigen Stadt« nicht vollständig. Auch heutige »biblisch« Reisende dürfen mit Recht sagen: »Ich muss auch Rom sehen.«

I. Zur Geschichte Roms

Forum Romanum (Überblick). Rechts der Backsteinbau der Curia

Ein Gang über Forum und Kapitol

Am Anfang war die Wölfin. So will es jedenfalls die Sage, die der Historiker Titus Livius zu Zeiten des Augustus erzählt: Eine Wölfin habe einst den Stadtgründer Romulus und seinen Zwillingsbruder Remus ernährt.

In den Kapitolinischen Museen steht bis heute ein uraltes Standbild, das eine Wölfin darstellt und an diesen mythischen Ursprung erinnert. Der Kapitolshügel, wo die Wölfin auch schon in der Antike stand, und das Forum zu seinen Füßen erlauben bis heute einen Überblick über die römische Geschichte, insbesondere in religiöser Hinsicht: Hier, im Zentrum der Stadt, spiegeln sich alle Epochen und Entwicklungen – und so kann ein Gang durch die Geschichte Roms in Form einer »Besichtigung« dieses Ortes erfolgen.

Die Sage von der Wölfin erzählt, König Numitor von Alba Longa, der von dem Trojaner Aeneas abstammte, habe seinen Bruder Amulius vom Thron vertrieben. Dessen Tochter Rhea Silvia hatte er zur (jungfräulichen) Vestalin bestimmt. Diese sei aber dennoch durch den Kriegsgott Mars Mutter der Zwillinge geworden, woraufhin Amulius den Befehl zur Aussetzung der Kinder in einem Körbchen auf dem Tiber gegeben habe. Die beiden seien dann aber am Fuße des Palatin an Land geschwemmt worden, von der Wölfin ernährt und schließlich von einem Hirten gefunden und aufgezogen worden. Als Erwachsener habe dann der kriegerische Romulus eine erste Stadt gegründet und seinen Bruder, der sich über deren Mauer lustig machte, erschlagen – wie in der Bibel steht ein Brudermord am Beginn. Wegen des Mangels an Bewohnern habe er Rom zu einem Asyl für Vogelfreie und Zuwanderer jeglicher Art gemacht.

Das Grab des Stadtgründers verehrten die Römer in der Antike unter dem *Lapis Niger*, einem schwarzen Stein auf dem Forum vor der *Curia*, dem Raum der Ratsversammlung. Tatsächlich kam bei Ausgrabungen ein archaisches Heroengrab zum Vorschein. Gleich daneben befindet sich ein konisches Gebilde, das den römischen »Nabel der Welt« (*umbilicus mundi*) bezeichnet. Später stand hier auch die goldene Meilensäule, idealer Ausgangs- und Zielpunkt aller römischen Straßen (»Alle Wege führen nach Rom«). Und der daneben liegende sogenannte Maxentiusstein spricht um 300 n. Chr. von der »ewigen Stadt« – ein Ausdruck, der erstmals zu Zeiten des Augustus aufkam.

Als Gründungsdatum der Stadt errechneten die römischen Historiker den 21. April 753 v. Chr. bzw. das Jahr 431 nach der Zerstörung Trojas. Etwa in dieser Zeit haben sich tatsächlich, wohl unter dem Einfluss der Etrusker, die damals die führende Macht in Mittelitalien darstellten, mehrere Siedlungen auf

Die sogenannte Via Sacra zum Kapitol

den römischen Hügeln nahe der Tiberfurt (u. a. auf dem Palatin, wo die ältesten archäologischen Spuren einer Siedlung gefunden wurden) zu einer neuen Stadt zusammengeschlossen. Möglicherweise war es auch das etruskische Geschlecht der *Rumina* oder *Ramon*, das etruskische Wort für Fluss, dem die Stadt ihren Namen verdankt – dieser dürfte später auf den sagenhaften Romulus übertragen worden sein. Auch die römische Überlieferung, die in Form von Annalen gesammelt wurde, weiß von etruskischen Königen, die die Stadt bis 508 beherrschten.

Wichtiger Akt im Rahmen der »Gründung« war die Trockenlegung des sumpfigen Forums (von *foris*, »außerhalb«) durch einen Abwassertunnel, die *Cloaca Maxima*. So konnte hier

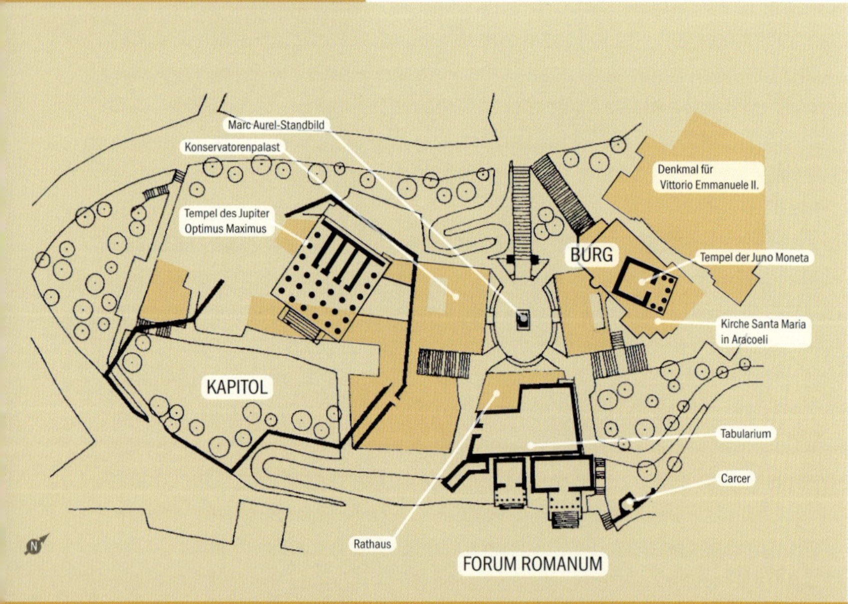

Das Kapitol mit Grundrissen heutiger und antiker Bauten

Der sogenannte Apoll von Veji

das neue Zentrum entstehen. Von dort aus führen noch heute in einer großen Schleife die Reste einer alten »Heiligen Straße«, der *Via Sacra*, auf den Kapitolshügel, der damals mit seinen zwei Kuppen zum religiösen Mittelpunkt der Stadt wurde. Dieser Tatsache und dem Etruskerkönig Olus verdankt er wohl auch seinen Namen, der sich von *caput* (Haupt) herleitet.

Als höchste Macht wurde in Rom und Umgebung seit dieser Frühzeit »Jupiter« verehrt – sein Name setzt sich zusammen aus *De(i)us* (Gott) und dem Beinamen *Pater* (Vater). Eigentlich ein Himmels- und Wettergott, wird er in Rom anfangs auch unter den Beinamen *Stator* (wörtlich »Fluchthemmer«, im übertragenen Sinne »Erhalter«) verehrt – Unerschütterlichkeit wird zu einem wichtigen Wesenszug im Selbstbild der Römer.

Allerdings waren es noch die Etrusker, die auf dem isoliert gelegenen, steilen Kapitolshügel den ersten Tempel errichteten – und zwar für die (ebenfalls etruskische) Trias Jupiter, Juno und Minerva. Die in diesem Fall wohl historisch zutreffenden Annalen datieren die Einweihung auf das Jahr 508 v. Chr., schreiben sie aber L. Iunius Brutus zu. Dieser, so heißt es, habe den siebten und letzten der etruskischen Könige, den tyrannischen Tarquinius Superbus, gestürzt und sei anschließend einer der beiden ersten Konsuln geworden. Tatsächlich beseitigten gegen Ende des 6. Jh.s zahlreiche etruskische Städte das Königtum; allerdings erfolgte dieser Übergang zur Republik in Rom wohl erst 504 – die Verbindung der Weihe mit Brutus erfolgte, um den Tempel zu einer ureigenen römischen Einrichtung zu machen.

Von diesem Tempel ist nichts erhalten geblieben. Im Museum der Villa Giulia befindet sich ein etruskisches Standbild des sogenannten »Apoll von Veji« – so ähnlich könnte auch das erste Bildnis des Jupiter in Rom ausgesehen haben. Der Tempel wurde vermutlich während des Keltensturms 387 v. Chr. zerstört – auch wenn die spätere Sage davon nichts mehr wissen wollte und von Gänsen berichtet, die durch ihr Geschnatter das Kapitol gerettet hätten. Bei dem anschließenden Neubau als steinerner »Richtungstempel«

mit Säulen nur an drei Seiten wurde vermutlich das gewaltige Podium aus Tuffstein angelegt, von dem heute noch die Fundamente zu sehen sind (im Untergeschoss des Konservatorenpalastes). Hier wurden dem Gott die Opfer dargebracht, die das öffentliche Wohl, das Heil des Staates (*salus publica*) sicherstellen sollten.

Verbunden mit dem Tempel des Jupiter war das *Asylum*. Dieser Begriff bezeichnet einerseits die Senke zwischen den beiden Kuppen des Hügels, andererseits aber die Institution des Asyls: Zu den hervorstechenden Merkmalen eines heiligen Bezirks gehörte in der Antike, dass jeder Mensch, auch und gerade der Schuldige, im Bereich des Heiligen vor den Nachstellungen seiner Gegner sicher war (vgl. auch z.B. 1 Kön 1,50). Entsprechend wurde diese uralte religiöse Regel später auch mit den Kirchen verbunden.

Die »Römische Wölfin«

Der sogenannte Brutus

Am Jupitertempel endeten die Triumphzüge der römischen Heerführer über die *Via Sacra*. Ursprünglich handelte es sich dabei ja um eine religiöse Zeremonie: Der Feldherr brachte Dankopfer dar und reinigte das Heer vom Unsegen des Krieges. Allerdings entsprach auch die goldglänzende Ausstattung des Triumphators dem Jupiterstandbild im Tempel: Als siegreicher Feldherr vergegenwärtigte er die Macht, die im Zentrum Roms verehrt wurde.

In der Nähe des Tempels stand wohl auch die erwähnte Kapitolinische Wölfin aus dem 5. Jh. v. Chr. In der Antike gehörte eine (vergoldete) Figur des Romulus zur Wölfin (die heutigen Figuren sind unschwer als eine Zutat der Renaissance zu erkennen). Zu Beginn des 10. Jh.s stellte Papst Sergius sie vor der Laterankirche auf und dokumentierte damit die Verschiebung des römischen Zentrums zur christlichen Hauptkirche. Erst 1471 kehrte sie auf das Kapitol, in das nach dem Berg benannte Museum zurück. Dort befindet sich auch der bronzene sogenannte »Brutus«. Der Kopf gehörte vermutlich zu einer Statue, die einen römischen Beamten des 3. Jh.s v. Chr. darstellte. Das Gesicht ist individueller und strenger gestaltet als bei gleichzeitigen Werken der hellenistischen Kunst. Das Bild wurde zum Inbild römisch-republikanischer Tugenden, zu denen insbesondere Mut, Opferbereitschaft für die *Res publica*, und *pietas*, redliche, »fromme« Gesinnung, gehörten. Die Einführung der dazu gehörenden religiösen Bräuche (*mos maiorum*) schrieben die Römer übrigens dem Nachfolger des Romulus, Numa Pompilius zu, der sie wiederum der Quellnymphe Egeria verdankte: Überreste des nach ihr benannten Nymphäums sind in der Nähe der Via Appia noch zu sehen.

Zeugnisse der römischen Religiosität, die in den vielfältigsten Erscheinungen göttliche Mächte erkennt, sind die Überreste der Tempel auf dem Forum, die vielfach aus ältester Zeit stammen, u. a. der Heiligtümer des Saturn und der Vesta, wo die jungfräulichen Vestalinnen das Herdfeuer hüteten. Später kamen Tempel griechischer Gottheiten (zuerst der Dioskuren Castor und Pollux) dazu – sie spiegeln den zunehmenden Einfluss dieser Kultur, die man als älter und überlegen empfand. Und schließlich entstanden Heiligtümer für »vergöttlichte Ideen« – zu ihnen gehört der Tempel der *Concordia* (Eintracht), der nach Ende der Kämpfe zwischen Patriziern und Volk errichtet wurde, als die Plebejer durch Volkstribunen zumindest eine Vertretung im Senat hatten. (Die Grundrechte des Volkes wurden 450 v. Chr. im sogenannten Zwölftafelgesetz aufgezeichnet und in Form von bronzenen Tafeln auf dem Forum aufgestellt.) Und noch später entstand am Rand des Forum ein Tempel der *Roma* – in gewisser Weise war dies die Gottheit, die man in Rom am meisten verehrte.

Politischer Mittelpunkt der Republik war die bereits erwähnte *Curia*. Deren Mitglieder, die Patrizier, hatten im Laufe der Zeit auch den Plebejern Rechte zugestehen müssen. Der dort tagende Senat als oberstes Organ des Staates organisierte in den folgenden Jahrhunderten die immer weitere Ausdehnung des römischen Machtbereiches, bis im 1. Jh. v. Chr. praktisch der gesamte Raum rund um das Mittelmeer, das so zum *mare nostrum* (»unser Meer«) wurde, erobert war. Ein Nebeneffekt dieser Feldzüge war der immer weiter sich ausbreitende Einsatz von Sklaven aus den eroberten Ländern, was andererseits große Massen in die Hauptstadt trieb, die mit Brot versorgt werden mussten.

Doch dem Erfolg in der Ferne standen neue Spannungen im Innern gegenüber, u. a. durch das Einströmen besitzloser Massen vom Land – Rom hatte bald ca. eine Million Einwohner. Nach langen Bürgerkriegen und der Ermordung Cäsars (44 v. Chr.) setzte sich unter seinem Adoptivsohn Octavian mit dem Beinamen Augustus (27 v. Chr.–14 n. Chr.) eine monarchische Regierungsform durch. Teil dieses Konzeptes von ihm und seinen Nachfolgern war die Treue der Untertanen zum Kaiser (Augustus und seine Nachfolger übernahmen den Namen Cäsar als Titel) und zu seinem göttlichen Genius. Zeugnis dieses Kaiserkults, der als Klammer des Reiches dienen sollte, sind die zahlreichen Tempel für vergöttlichte Herrscher (Cäsar, Augustus, Trajan, Vespasian) auf dem Forum selbst und im Bereich der sogenannten Kaiserforen.

In einem Saal des Kapitolinischen Museums beleuchten die Porträts der Kaiser auch die künstlerisch-geistige Entwicklung dieser Epoche. Sieht man von den idealisierten Porträts des Augustus ab, ist am Anfang ein gewisser Realismus zu beobachten, der noch in der Tradition der republikanischen Porträts steht – so bei den Bildnissen von Tiberius (14–37 n. Chr.), Claudius (41–54) und Nero (54–68), den Kaisern zur Zeit der Apostel, von Vespasian und Titus, Trajan und Hadrian. Im Laufe der Zeit verstärkt sich ein melancholischer Grundzug der Bildnisse – beginnend bei Marc Aurel (161–180), dem stoischen Philosophen, und verstärkt bei den orientalischen Kaisern wie Elagabal (218–222), der aus seiner syrischen Heimat den Kult des zum Sonnengott gewordenen Baal mitbrachte, ihm einen Tempel am Abhang des Palatin errichtete (heute S. Sebastiano) und dessen Fest am 25. 12. einführte. Diese Tendenz geht einher mit einem Hang zur Vergeistigung und Entindividualisierung, von der auch das Haupt der monumentalen Statue Konstantins (306–337) in der sogenannten Exedra des Museums zeugt, wo zudem das Original der Reiterstatue des Marc Aurel steht. Es ist umgeben von den Zeugnissen der Kulte, die in der Kaiserzeit in Rom neben den altrömischen praktiziert wurden – darunter auch das Christentum.

Konstantin (Kapitolinische Museen)

Auf Dauer setzte sich die von Konstantin legalisierte Religion durch, die im Laufe der ersten Jahrhunderte immer bedeutender geworden war – auch wenn sich diese »Wende« in der Stadt Rom nur allmählich vollzog. Die ersten Kirchen konnten ausschließlich am Rande der Stadt entstehen – das Zentrum mit Forum und Kapitol blieb zunächst »heidnisch«. Die von Konstantin vollendete Maxentiusbasilika auf dem Forum gibt aber eine Ahnung von der Größe und vom Stil der neuen Bauten. Auch auf dem Triumphbogen am Rande des Forums, der zur Erinnerung an Konstantins Sieg über den Konkurrenten Maxentius an der nördlich der Stadt gelegenen Milvischen Brücke (312 n. Chr.) errichtet wurde, wird noch nicht offen dem christlichen Gott gedankt: *Instinctu divinitatis*, »auf Eingebung der Gottheit« habe er die Stadt erobert, heißt es dort vermittelnd. Teile des Bogens stammen von früheren Monumenten, doch die Reliefs direkt über den Durchgängen zeigen u. a. die Schlacht (Nordseite) und den anschließenden Auftritt Konstantins auf dem Forum (Südseite).

Einen entscheidenden Einschnitt bedeutete 382 n. Chr. die Entfernung der Statue der heidnischen Siegesgöttin Victoria aus der *Curia*; mit einem Opfer ihr zu Ehren waren bis dahin die Ratssitzungen eröffnet worden. Der heidnische Stadtpräfekt Symmachus protestierte gegen die Entfernung des Götterbildes und forderte vom Kaiser zumindest Toleranz gegenüber dem alten Glauben, konnte sich aber gegen die Argumente u. a. eines Ambrosius von Mailand nicht durchsetzen. Als im Jahr 410 dann die Westgoten – trotz der unter Aurelian (272–278) errichteten Stadtmauer – Rom eroberten, sahen

Konstantinsbogen. Das untere Relief zeigt die Belagerung einer Stadt (Verona?).

viele, selbst der Christ Hieronymus, das Ende der Welt gekommen. Er schrieb: *Capta est urbs, quae totum cepit orbem* (»Gefallen ist die Stadt, die die ganze Welt erobert hat«). Die »Altgläubigen« führten dies auf die Entfernung der Victoria und die Vernachlässigung der alten Götter zurück – auch deshalb entwickelte Augustinus in seinem Buch »Der Gottesstaat« eine Geschichtstheologie, die die irdische Stadt Rom »entsakralisierte« und alle Hoffnung allein auf die »himmlische Stadt« richtete.

Rom war zu dieser Zeit schon länger nicht mehr einzige bzw. offizielle Hauptstadt des Reiches. Seit 330 stellte Konstantinopel das »neue Rom« dar, und die Herrscher des Westteils residierten in Mailand (wo 313 das Christentum zur *religio licita*, zur »erlaubten Religion« erklärt wurde) oder in Ravenna. Der letzte weströmische Kaiser wurde dort 476 n. Chr. vom Germanen Odoaker abgesetzt. In Rom, das 455 noch einmal, diesmal von den Vandalen, erobert wurde, übernahmen auch deshalb mehr und mehr die Bischöfe die Macht – sie waren nun für Ordnung und vor allem für die Versorgung der Bevölkerung zuständig, und es entstand der sogenannte »Kirchenstaat«. Unter ihrem zunehmenden Einfluss wurden die alten Tempel nach und nach zerstört (u. a. im 5. Jh. der Jupitertempel auf dem Kapitol), aber – anders als im Osten

Kirche S. Lorenzo in Miranda in einem ehemaligen Tempel

des Reiches – nur sehr zögerlich in Kirchen umgewandelt. Das wagt man erst im 6. Jh.: Da wurde am Forum aus dem Tempel des Antoninus Pius und der Faustina die Kirche S. Lorenzo in Miranda und aus dem sogenannten Tempel des Romulus mit dem ehemaligen Audienzsaal des Stadtpräfekten die Kirche der (byzantinischen) Heiligen Cosmas und Damian. Das Apsismosaik dort zeigt die neue »Gottheit« Christus, die auf den Wolken des Himmels wiederkommt. Aus dem Tempel der Venus und der Roma wurde schließlich ein Oratorium zu Ehren von Petrus und Paulus (heute S. Maria Nova bzw. S. Francesca Romana), und im Eingangstrakt zu den Kaiserpalästen am Palatin entstand die Kirche S. Maria Antiqua. Auf einem der eindrucksvollen Fresken dort trägt der Gekreuzigte eine kaiserliche Purpurtunika. Um 630 wurde schließlich auch die nach einem Brand 283 neu errichtete *Curia* in eine Kirche umgewandelt – und erst im 20. Jh. wieder in den Zustand der Kaiserzeit zurückversetzt.

Doch die Zeit der sogenannten Völkerwanderung war nicht nur eine Zeit des Niedergangs, sondern barg auch den Keim des Neuen. Das wurde sichtbar, als die Päpste ab dem Jahr 800 das westliche Kaisertum erneuerten, indem sie Herrscher des Frankenreiches, die erst vor relativ kurzer Zeit christlich geworden waren, zu ihren Schutzherren wählten und ihnen dafür eine quasi sakrale Würde verliehen. Doch residierten die neuen Kaiser nicht in der Stadt, sondern im fernen Norden.

Besonders eindrucksvoll spiegelt sich der Übergang zum christlich-mittelalterlichen Rom in der Kirche S. Maria in Aracoeli auf der nördlichen Kuppe des Kapitols. An dieser Stelle stand einst der Tempel der Juno Moneta, der »mahnenden« Göttin, die ursprünglich wohl die jugendliche Lebenskraft der Frau verkörperte und später mit Hera gleichgesetzt wurde. Auch von diesem Tempel ist nichts erhalten geblieben; abgesehen von dem Ausdruck »Münze« (umgangssprachlich »Moneten«) – befand sich doch in unmittelbarer Nähe des Heiligtums die römische Prägestelle. Mit der dortigen Kirche verband man nun die angebliche Weissagung der Tiburtinischen Sibylle an Augustus, von der erstmals Johannes Malalas im 6. Jh. und dann die *Legenda aurea* berichtet. In Letzterer sammelte Jakobus von Voragine im 13. Jh. alle umlaufenden Heiligenlegenden. In dem Moment, da die Römer den Kaiser als Gott hätten verehren wollen, habe er die Sibylle kommen lassen, um sie zu fragen, ob je ein Mensch geboren werde, der größer sei als er. Daraufhin sei als Antwort um die Mittagszeit ein leuchtender Kreis um die Sonne erschienen und mitten darin eine Jungfrau mit einem Kind auf dem Schoß, die auf einem Altar stand. Dazu habe eine Stimme gesprochen: »Dies ist der Altar des Himmels« (*ara coeli*).

Santa Maria in Aracoeli: Altar mit der Darstellung von »Jungfrau und Kind«

Im Hintergrund steht dabei zum einen die alte Tradition von den Sibyllen, den Prophetinnen der griechisch-römischen Antike: Angeblich hatte die Sibylle von Cumae (bei Neapel) einst dem König Tarquinius Superbus eine Reihe von Büchern verkauft, die im Jupitertempel aufbewahrt und bei ungünstigen Vorzeichen befragt wurden. Später entstanden neue Werke unter ihrem Namen, die auch jüdisch-christliches Gedankengut verbreiteten. In der Geschichte von der Tiburtinischen Sibylle wird der Kaiser Augustus nun geradezu als »anonymer Christ« gesehen. Anknüpfend an seine Erwähnung im Evangelium sieht man ihn als Werkzeug Gottes, der parallel zur Geburt des himmlischen Friedensfürsten das Reich äußerlich befriedet, angesichts der Geburt Christi auf den Titel Gott verzichtet und einen allgemeinen Schuldennachlass verkündet. Außerdem werden heidnisch-römische Quellen (soweit möglich) als Andeutungen der christlichen Wahrheit gedeutet – in diesem Fall die dunkle Stelle bei Vergil, wo die Sibylle von Cumae verkündet: »*Nun kehrt wieder die Jungfrau, kehrt wieder saturnische Herrschaft / Nun wird neu ein Spross aus himmlischen Höhen*« (Ekloge IV). Somit führt nicht nur die jüdische, sondern auch die heidnische Geschichte auf die Geburt Christi und den Beginn einer neuen Zeit hin: *Teste David cum Sibylla* – »David bezeugt es zusammen mit der Sibylle«, heißt es auch in der mittelalterlichen (Toten-)Liturgie.

Im 13. Jh. wurde von den Franziskanern anstelle der spätantiken Kirche der heutige Bau errichtet: Von der Schlichtheit der damaligen Predigtkirche

Denkmal für Cola di Rienzo

gibt nur noch die Fassade Zeugnis; im Inneren haben spätere Epochen den Raumeindruck sehr verändert. Auf einer Säule im linken Seitenschiff befindet sich die Inschrift *A cubiculo Augustorum* (»Aus dem Schlafgemach der Kaiser«) – und lässt, wie oft in Rom, die Frage aufkommen, ob dies Objekt die Legende hervorgebracht hat oder umgekehrt. Unter einem Baldachin im linken Querhaus ruhen Reliquien der Helena, die bereits vor ihrem Sohn Konstantin Christin war. Dort ermöglicht ein Spalt auch den Blick auf einen tiefer liegenden, angeblich von Augustus errichteten Altar, dessen Relief den Kaiser und die Jungfrau zeigt. In Wirklichkeit stammt er aus der Erbauungszeit, symbolisiert aber jene Einheit von Antike und Christentum, die dem christlich gewordenen Rom vorschwebte.

Heute wird in der Sakristei der Kirche der »Santo Bambino« verehrt, eine Statue des Christkindes, die ursprünglich aus dem Holz eines Olivenbaumes aus dem Garten Getsemani geschnitzt wurde. Die heutige Figur ist eine Kopie und ein künstlerisch wenig wertvolles Element der römischen Volksfrömmigkeit – Kinder können dem Bambino von einem eigens eingerichteten Predigtstuhl eine »Predigt« (in Form eines Gedichtes) halten. Die Figur zeigt eindrücklich, welches neue »Gottesbild« die Christen an Stelle des Jupiter oder des Kaisers verehren – ein wehrloses Kind.

Die Geschichte der Stadt blieb im hohen Mittelalter geprägt von dem Wechselspiel zwischen dem Kaiser (meist in der Ferne weilend), dem Papst und den mächtigen Familien vor Ort. Von den Geschlechtertürmen dieser Zeit sind zwei hinter den Kaiserforen noch deutlich sichtbar. Gegen Ende dieser Zeit gerieten die Päpste jedoch in eine folgenreiche Abhängigkeit von den französischen Königen – bis sie 1309 sogar ihre Residenz nach Avignon verlegten.

Während dieses Exils erneuerte der Volkstribun Cola di Rienzo nicht nur noch einmal die Republik in Rom, sondern errichtete im Jahr 1348 auch die gewaltige Treppe aus 124 Stufen zur Kirche S. Maria in Aracoeli. Sie stellt einerseits natürlich ein Prestige-Objekt der Republik dar, aber andererseits auch eine eindrucksvolle »Himmelsleiter« zum Altar des Himmels. Außerdem gelang es Rienzo (dessen Denkmal heute an der Treppe steht), den abwesenden Papst zur Ausrufung eines »Heiligen Jahres« für 1350 zu bewegen: Im Jahr 1300 hatte Bonifaz VIII. den Pilgern, die anlässlich der Jahrhundertwende plötzlich in Scharen nach Rom strömten, nachträglich besondere Gnaden gewährt und ein solches Jahr nur für jede Jahrhundertwende geplant. Nun sollte einerseits die nächste Generation diese Möglichkeit zum Gnadenerwerb haben, andererseits erhoffte man für die Stadt Rom einen neuen Aufschwung – war die Stadt doch durch den Weggang des Papstes noch kleiner geworden und auf ca. 20.000 Einwohner geschrumpft. Damit war eine Institution ins Leben gerufen, der Rom einen Großteil seiner Anziehung für christliche Pilger verdankte. Durch die Festlegung der Spanne von 50 Jahren zwischen den »Heiligen Jahren« war außerdem eine Anknüpfung an den biblischen Brauch des »Jubeljahres« gegeben, der besagt, dass jedes fünfzigste Jahr ein Jahr der »Freiheit für alle Bewohner des Landes« sein soll (vgl. 3 Mose 25, 8–31).

Die Rückkehr der Päpste aus Avignon 1377 eröffnete dann ein neues Kapitel in der römischen Geschichte – auch dieses spiegelt sich im Kapitol,

Das Kapitol heute. Hinten das römische Rathaus.

selbst wenn das »Zentrum« der Stadt zum Vatikan rückte, wo die Päpste nun hauptsächlich residierten. Seit dem Mittelalter befand sich auf dem Berg der Sitz der Stadtverwaltung, und auch die im 16. Jh. neu erbauten Paläste wurden offiziell für städtische Beamte errichtet (den Senator und die Konservatoren). Doch der päpstliche Architekt Michelangelo machte deutlich, wer nun der Herr von Rom war: Das Kapitol, das bisher immer zum Forum hin orientiert war, öffnet sich mit Hilfe des neu und im Stil der Renaissance entworfenen Platzes jetzt nach Westen – in Richtung Vatikan! Und die Mitte des Platzes »beherrscht« die Reiterstatue des Kaisers Konstantin. Zwar weiß man inzwischen, dass es sich in Wirklichkeit um ein Standbild des Kaisers Marc Aurel handelt, aber im 16. Jh. galt sie vielen noch als Bildnis des ersten christlichen Kaisers, der seitdem mit seiner Hand Richtung Papst weist.

Marc Aurel-Säule, gekrönt von einer Paulus-Statue

In der Nische des Brunnens hinter dem Standbild steht eine antike Statue der »Roma«, hinzu kommen Personifikationen der Flüsse Tiber und Nil, welche *urbs* und *orbis*, »die Stadt und das Weltreich« symbolisieren. Der Treppenaufgang wird gerahmt von antiken Meilensäulen, zwei Kaiserstatuen (hier ist wirklich Konstantin dargestellt), Trophäensammlungen und spätantiken Kolossalstatuen der Dioskuren Castor und Pollux, denn inzwischen wurden die Werke der Antike auch wieder als Kunstwerke geschätzt. Das wird besonders daran sichtbar, dass Sixtus IV. auf dem Kapitol 1471 das erste Museum errichten ließ – eine damals vollkommen neue Idee. Er habe beschlossen, dass die »Zeugnisse altehrwürdiger Tugend und Vortrefflichkeit dem römischen Volke wieder zu geben und zu überlassen seien«, verkündet eine Inschrift.

Im Barock, der die Stadt bis heute prägt, erfolgte der Ausbau der Stadt zu einem Gesamtkunstwerk. Auch die heidnischen Überreste wurden einbezogen und »christianisiert«: So wurde die Säule auf dem Trajansforum, auf der der Kaiser seine Dakien-Feldzüge in einem gewaltigen Reliefband hatte darstellen lassen, Ende des 16. Jh.s mit einer Statue des Petrus gekrönt. Am Fuß der ganz ähnlichen Säule des Marc Aurel, auf der nun eine Paulusstatue steht, verkündet eine Inschrift den Sinn der Maßnahme: »*Triumphal und heilig bin ich jetzt, da ich Christus' wahrhaft frommen Schüler trage, der durch des Kreuzes Verkündigung über Römer und Barbaren triumphiert hat*« – wobei das »wahrhaft fromm« eine Anspielung auf den Kaiser Antoninus Pius (= der Fromme) ist, dem die Statue einst gewidmet war.

Doch auf die Blüte folgte im 18. und 19. Jh. der langsame Verfall der päpstlichen Macht. Dafür wuchs der Druck der neuen europäischen Großmacht Frankreich auf Rom. Der Untergang des Papsttums schien unvermeidlich. Tatsächlich aber kam es nur zu einer neuen Definition seiner Rolle. Der »Stellvertreter Jesu Christi« verlor – gegen seinen Willen – jede weltliche Macht, dafür stieg seine kirchliche und moralische Bedeutung für die Katholiken noch einmal beträchtlich: 1870 eroberten zwar die Truppen der nationalistischen Bewegung, die auch Italien erfasst hatte, mit Rom den Rest des Kirchenstaates und machten die Stadt zur neuen Hauptstadt des Königreichs Italien. Dem Papst aber, der protestierte und sich fortan als »Gefangener im Vatikan« betrachtete, hatte kurz zuvor das Erste Vatikanische Konzil die Rechtsvollmacht über alle Bischöfe und die Unfehlbarkeit in Glaubensfragen zugesprochen.

Auch das Kapitol war von der Zeitenwende betroffen: An der Westseite entstand das Denkmal für König Victor Emmanuel II., das nicht zufällig am

Denkmal für Vittorio Emmanuele II. (Altare della Patria)

Fuß gerade dieses Hügels errichtet wurde und als »Altar des Vaterlandes« der neuen Religion des Nationalismus huldigte. Im Senatorenpalast hat seitdem der Bürgermeister von Rom seinen Sitz, so dass das Kapitol in gewisser Weise wieder zum Gegenpol des päpstlichen Roms wurde.

Mussolini, der ganz bewusst im Palazzo Venezia, gegenüber dem Kapitol, residierte, trennte die Kaiserforen durch die Via dei Fori Imperiali vom Rest des Forums, das so zur Kulisse der faschistischen Aufmärsche wurde. Durch die zwischen ihm und dem Vatikan 1929 geschlossenen Lateranverträge wurde die »römische Frage« dahingehend gelöst, dass mit Letzterem ein Kleinstaat entstand, der nicht dem Kapitol (und dem italienischen Staat) untersteht.

Gegensätze zwischen Kirchenstaat und (oft kommunistischer) Stadtverwaltung gab und gibt es dennoch. Auch die überdurchschnittlich ausgeprägte Ablehnung der Kirche unter den Römern spricht für sich. Andererseits verehren nicht wenige von ihnen heute am ehesten Padre Pio, einen Heiligen aus Kalabrien (1887–1968), der die Wundmale Christi an sich trug und in Form von kleinen Andachtsbildchen allgegenwärtig ist. Aber wahrscheinlich entspricht auch das altrömischer Tradition: In den Häusern der einfachen Römer wurden kleine Hausgötter verehrt und nicht der große Jupiter vom Kapitol.

Mag das römische Kapitol auch nicht mehr das Zentrum der Welt sein – auf symbolische Weise knüpft man immer wieder an die Bedeutung dieses Ortes an: Im 18. Jh. errichteten die Bürger der Vereinigten Staaten von Amerika bzw. deren Sklaven dem Kongress in Washington D. C. ein Kapitol (in klassizistischem Stil), eine Art »Tempel der Demokratie«. Und 1957 wurden im Konservatorenpalast die sogenannten »Römischen Verträge« unterzeichnet. So begann ganz bewusst an diesem Ort der Versuch, ein vereintes Europa unter neuen Vorzeichen zu schaffen. Auch die ab 1955 gültige Flagge der Europäischen Union hat römische und biblische Bezüge: Der Kranz von zwölf Sternen taucht in der Apokalypse auf (vgl. Offb 12, 1), und auch auf das römische Zwölftafelgesetz wird bei ihrer Deutung verwiesen.

II. Das Rom der Bibel

Kaiser Claudius (Vatikanische Museen)

Rom in der Bibel

Direkte Kontakte mit Rom hatte das »Land der Bibel« erst unter den Makkabäern im 2. Jh. v. Chr. Deshalb taucht der Name Rom in der hebräischen Bibel nicht auf. Allerdings übersetzt die lateinische Bibel den Ausdruck »kittäische Schiffe« in Dan 11, 30 mit »römische Schiffe«. Das ist insofern korrekt, als mit den kittäischen (d. h. zypriotischen) Schiffen, die den »König des Nordens« angreifen, verdeckt auf eine römische Flotte angespielt wird, die 168 v. Chr. dem Seleukidenkönig Antiochos IV. eine Niederlage beibrachte. Diese gilt als Begründung dafür, dass der König nun seine Wut gegen Israel richtet.

Seit der Zeit der Makkabäer wurden auch andere biblische Texte umgedeutet, in denen man eine gegenwärtige Situation erkannte. Dies gilt insbesondere für Visionen und Orakel über Edom, das eigentlich südöstlich des Toten Meeres liegt: Da sich die hebräischen Buchstaben D und R sehr ähnlich sehen, konnte man hier sehr leicht (E)Rom herauslesen. Und so wendet sich z. B. die Strafandrohung in Ez 24, 12–14 wegen Edoms Übergriffen gegen Juda in entsprechenden Kommentaren plötzlich gegen Rom! Ganz ähnlich lesen auch die Schriften von Qumran die biblischen Texte. Sie wenden sich dabei gegen ein Volk, das als grausame Kriegsmacht von weit herkommt und dessen Truppen den eigenen Feldzeichen Opfer bringen (1 Q pHab 3, 11; 6, 4). Und noch Kaiser Hadrian wird im Bar Kochba-Krieg als »König von Edom« bezeichnet.

Über die freundlichen Beziehungen der Hasmonäer zu Rom berichten dagegen – mit propagandistischer Absicht – ausführlich die Makkabäerbücher: In 1 Makk 8, 1–16 werden die Einrichtungen der Republik, wenn auch nicht ganz korrekt, beschrieben (v. 14):

> *»Bei all dem setzt sich keiner von ihnen eine Krone auf oder legt Purpurgewänder an, um damit zu prunken. Vielmehr haben sie sich eine Ratsversammlung (den Senat) geschaffen, und jeden Tag halten 320 Ratsherren darüber Rat, wie das Volk gut zu regieren sei. Einem einzigen Mann übertragen sie vertrauensvoll für ein Jahr die Regierungsgewalt über sich und die Herrschaft über ihr ganzes Land.«*

Weil Judas Makkabäus diese Staatsform bewunderte, schickte er im Jahr 161 eine Gesandtschaft nach Rom (der Bericht betont, dass es ein weiter Weg war). Diese schloss einen Beistandsvertrag ab, der – auf Bronzetafeln eingraviert – nach Jerusalem gebracht wurde (vgl. 1 Makk 8, 17–28). In Rom zeigte man im Mittelalter auf dem Forum das Gegenstück. Und in 2 Makk 11, 14–38 findet sich ein Brief, in dem römische Legaten dem jüdischen Volk (schon 164 v. Chr.) anbieten, beim Seleukidenherrscher seinetwegen zu intervenieren. Diese Texte, deren Wahrheitsgehalt kaum zu überprüfen ist, sprechen zumindest für die römerfreundliche Politik des hasmonäischen Königshauses.

Dass die Römer in Wirklichkeit vor allem eigene Interessen verfolgten, zeigte sich bald darauf. Ab 63 v. Chr. übernahmen sie Schritt für Schritt die direkte Kontrolle über die Region. Herodes I. gelangte 40 bzw. 37 v. Chr. mit römischer Unterstützung auf den Thron, und als 6 n. Chr. Judäa in die Provinz Syria eingegliedert wurde und ein römischer Präfekt dort die Herrschaft übernahm, wurde aus diesem Anlass unter Kaiser Augustus und dem Statthalter der Provinz, Sulpicius Quirinius, ein Zensus durchgeführt, den Lukas mit der Geburt Jesu verbindet. Er datiert zudem das Auftreten Jesu u. a. anhand der Regierungsjahre des Tiberius (vgl. Lk 2, 1; 3, 1).

Und auch wenn die Stadt Rom selbst in den Evangelien nicht erwähnt wird, so ist doch »Rom« als Besatzungsmacht auf vielfältige Weise in den Erzählungen über Jesus präsent. Diese stellen nicht zuletzt eine Art »Anti-Evangelium« zu den ebenfalls »Evangelien« genannten Nachrichten aus dem Kaiserhaus dar. Da sind die römischen Soldaten, die zu Johannes dem Täufer kommen (vgl. Lk 3, 14), da ist der Hauptmann von Kafarnaum, der sogar zum Vorbild im Glauben wird (vgl. Lk 7, 1–10). Politische Brisanz hat die Frage, ob es erlaubt ist, dem Kaiser Steuern zu zahlen (vgl. Lk 20, 20–26). Die Antwort zeigt eine Haltung Jesu, die die römische Herrschaft nicht bekämpft, aber dennoch den Vorrang der Gottesbeziehung sicherstellen will. Ausgehend vom Bild des Kaisers auf der Münze sagt Jesus: »Gebt dem Kaiser, was dem Kaiser gehört, und Gott, was Gott gehört!« Dies wurde von den frühen Christen dahingehend erläutert, dass somit der Mensch, in den das Bild Gottes eingeprägt ist, diesem gehört, während das »weltliche« Geld auch dem Kaiser (zurück-)gegeben werden kann. Später konnte man aus der Erzählung auch die Trennung zwischen geistlichem und weltlichem Bereich ableiten – was im Abendland für die Verhältnisbestimmung zwischen Kirche und Staat grundsätzliche Bedeutung erhalten sollte. Auch das Wort von den »zwei Schwertern«, die die Jünger

Kaiser Tiberius

bei der Verhaftung Jesu bei sich haben (vgl. Lk 22,38), wird in diesem Zusammenhang genutzt: Man sieht darin das »Schwert« des Papstes und das des Kaisers bzw. die »zwei Reiche« angedeutet.

Und auch wenn unklar ist, welche Rolle einzelne Gruppen bei der Verfolgung und Verurteilung Jesu im Einzelnen gespielt haben – am Ende sind es nicht »die Juden«, sondern ist es die römische Besatzungsmacht in Gestalt des Pontius Pilatus, die ihn hinrichten lässt. Dass die neutestamentlichen Autoren versuchten, die Rolle des Statthalters möglichst positiv zu zeichnen, hat in der Folge dramatische Konsequenzen gehabt, auch wenn es zur Zeit der Abfassung der Evangelien »nur« darum ging, keinen grundsätzlichen Gegensatz zwischen dem neuen Glauben und »Rom« sichtbar werden zu lassen.

Dass sich zu den Wallfahrtsfesten in Jerusalem nicht zuletzt »Römer« aufhielten, d.h. Juden und Proselyten aus Rom, berichtet die Apostelgeschichte im Zusammenhang mit dem Pfingstfest (vgl. Apg 2,10). In Cäsarea, der stark römisch geprägten Hauptstadt der Provinz, wird programmatisch der erste Heide, der Hauptmann Kornelius, getauft, der zur »italischen Kohorte« gehörte, die nur aus römischen Bürgern bestand (vgl. Apg 10). Und bei der ersten Missionsreise des Paulus bekehrt sich in Paphos auf Zypern der römische Prokonsul Sergius Paulus (vgl. Apg 13,4–12).

Die erste christliche Gemeinde in Rom selbst entstand innerhalb der jüdischen Gemeinde. Zeugnis dafür ist insbesondere die Vertreibung der Juden aus Rom im Jahr 49 durch Kaiser Claudius, »weil sie, von Chrestus aufgehetzt, fortwährend Unruhe stifteten«. So berichtet es Anfang des 2. Jh.s der Historiker Sueton (Claudius 25) – und ganz ähnlich auch die Apostelgeschichte (vgl. Apg 18,2). Möglicherweise waren die ersten Verkünder des christlichen Glaubens Mitglieder der Jerusalemer Synagoge der »Libertiner« (Apg 6,9) gewesen – so nennt die Apostelgeschichte die Nachfahren und Verwandten der Juden, die Pompeius 63 v. Chr. als Gefangene nach Rom gebracht hatte und die sich nach ihrer Freilassung zum Teil in Rom in der Nähe des Tibers niedergelassen hatten. Später könnten Nachfahren, die nach Jerusalem zurückgekehrt waren, den neuen Glauben kennengelernt und dann durch ihre Beziehungen nach Rom dorthin vermittelt haben.

In jedem Fall dürfte es, wie andernorts auch, heftige Auseinandersetzungen zwischen den »Altgläubigen« und den Anhängern des »neuen Weges« gegeben haben, die dann zur Ausweisung der Juden und Judenchristen bzw. der »Unruhestifter« unter ihnen führten. Davon betroffen waren auch Priska und Aquila, mit denen Paulus dann in Korinth und Ephesus zusammenarbeitete (vgl. Apg 18,2; 1 Kor 16,19). In Rom verblieben nur die inzwischen gewonnenen Heidenchristen, die sich (spätestens jetzt) in Hausgemeinden organisierten. Als die Vertriebenen nach dem Tod des Claudius im Jahr 54 zurückkehrten (unter ihnen auch Priska und Aquila, in deren Haus sich auch eine Gemeinde versammelte; vgl. Röm 16,3–5), kam es zu Konflikten innerhalb der sich neu formierenden, nun mehrheitlich heidenchristlichen Gemeinde über die Frage, wie weit die Bestimmungen des Gesetzes in der neuen Gemeinschaft noch gelten (vgl. vor allem Röm 14,1–15,13).

Davon weiß auch Paulus, der um 57, vermutlich von Korinth aus, einen Brief an die römische Gemeinde schreibt, deren »Glaube bereits in der ganzen Welt verkündet wird« (Röm 1,8). Die Gemeinde ist ihm persönlich unbekannt, und der geplante Besuch dort steht in Spannung zu seiner Devise, nicht auf fremdem Fundament zu bauen und nur dort das Evangelium zu verkünden, »wo Christi Namen noch nicht bekannt war« (Röm 15,20). Er will aber von Rom aus nach Spanien gehen, weil ihm im Osten kein Arbeitsfeld mehr bleibt (vgl. Röm 15,22–24). Angesichts der Vorbehalte gegen seine gesetzesfreie Heidenmission, die er kurz zuvor in Galatien zu spüren bekommen hat und die er auch in Jerusalem fürchtet, wohin er nun aufbricht (vgl. Röm 15,25–33), legt Paulus der römischen Gemeinde sein Evangelium dar – und zwar, im Vergleich zu seinen sonstigen »Gelegenheitsbriefen«, systematisch und ausführlich (Röm 1–11). Am Rande fordert er zum Gehorsam gegenüber der römischen, von Gott eingesetzten Obrigkeit auf (vgl. Röm 13). Die Grußliste am Schluss des Briefes belegt, wie viele Einzelpersonen der Gemeinde Paulus schon kennt – und wie dicht geknüpft das Netzwerk der Christen bereits ist. Darunter befinden sich auffallend viele Frauen: Neben Priska, die gegenüber Aquila immer zuerst genannt wird und in deren Haus sich eine Gemeinde versammelt, ist das u. a. eine Junia (aus der später oft ein Junias gemacht wurde), die sogar als Apostolin bezeichnet wird (vgl. Röm 16,1–24).

Tatsächlich reiste Paulus zunächst nach Jerusalem und von dort aus wenige Jahre später nach Rom – aber als Gefangener (vgl. Apg 22–28). Dennoch trug er in der Hauptstadt »ungehindert und mit allem Freimut die Lehre von Jesus Christus, dem Herrn, vor« (Apg 28,31). Mit diesem Schlusssatz ist für den Verfasser der Apostelgeschichte auch der gewollte Schlusspunkt seines Werkes erreicht: In Rom kann, anders als in Jerusalem, das Evangelium frei verkündet werden – deshalb berichtet er auch nicht mehr vom Martyrium des Paulus, obwohl dieses zur Zeit der Abfassung seines Werkes bereits einige Jahre zurücklag (vgl. auch die Abschiedsrede des Paulus in Milet in Apg. 20, wo der gewaltsame Tod des Apostels angedeutet wird).

Die »Hure Babylon« (aus einem mittelalterlichen Kommentar zur Apokalypse)

Der positiven Einschätzung der Stadt in der Apostelgeschichte krass entgegengesetzt ist das Bild von Rom in der sogenannten Offenbarung des Johannes. Dort wird die Stadt verschlüsselt als prächtig geschmückte »Hure Babylon« dargestellt, die die Kaufleute reich macht, aber die Völker verdirbt (vgl. Offb 17 f.). Sie sitzt auf einem Tier mit sieben Köpfen, die als »die sieben Berge« gedeutet werden, auf denen die Stadt liegt. In Wirklichkeit handelt es sich bei der Vorstellung von den sieben Hügeln Roms vermutlich um ein Missverständnis: Eines der ältesten Feste in Rom war das sogenannte Fest der »befestigten Berge« (lat. *saepti montes*), das wohl die Sicherheit auf den Hügeln feierte. Später entstand daraus die Vorstellung, Rom sei auf sieben (lat. *septem*) Hügeln entstanden. An anderer Stelle spielt die Offenbarung vermutlich direkt auf Kaiser Nero und die kurz nach dessen Tod verbreitete Legende von seiner Wiederkunft an. Die berühmte Zahl des Tieres, 666, kann – da in der Antike alle Buchstaben auch einen Zahlenwert haben – als »Deckname« für *neron qaisar* gelesen werden (vgl. Offb 13). Der Untergang »Babylons« leitet schließlich das Erscheinen der neuen Welt Gottes ein. Um 200 berichtet übrigens der Nordafrikaner Tertullian, der Verfasser der Apokalypse sei in Rom von Kaiser Domitian zur Verbrennung in einem Kessel mit Öl verurteilt worden und – als er dies schadlos überstand – nach Patmos verbannt worden (De praescriptione haereticorum 36). Darauf geht die Kirche S. Giovanni in Oleo an der Porta Latina zurück.

Den Decknamen Babylon für Rom verwendet übrigens auch der Autor des 1. Petrusbriefes. Unabhängig von der Frage, ob der historische Petrus ihn (mit Hilfe des Silvanus) verfasst hat oder nicht: Am Schluss grüßen »die Mitauserwählten in Babylon« die Adressaten, die als »Fremde« in Kleinasien leben, unter ihnen ein Markus (vgl. 1 Petr 5, 13). Papias von Hierapolis schreibt im 2. Jh., dieser Markus sei der Dolmetscher des Petrus in Rom gewesen und habe dessen Evangelium aufgeschrieben. Das ist historisch nicht nachprüfbar. Allerdings vermuten manche Forscher, dass das Markusevangelium tatsächlich in Rom verfasst wurde, vor allem aus sprachlichen Gründen: Zehn von achtzehn lateinischen Lehnworten in den Evangelien finden sich in ihm (z. B. *denarius* oder *census*).

Insgesamt wird sichtbar, dass die ersten Christen in ihrer Haltung gegenüber Rom durchaus nicht einer Meinung waren: Versuche, sich mit dem Reich zu arrangieren, stehen neben heftiger Kritik bestimmter Gruppen an den Werten und Praktiken des Reiches, das in der Hauptstadt sein mächtigstes Symbol hatte.

Wie aber sah Rom zur Zeit des Neuen Testaments aus – und was ist davon noch zu sehen?

Rom zur Zeit des Neuen Testaments

Das Rom des Neuen Testaments ist das Rom der frühen Kaiserzeit. Kaiser Augustus hatte sich nach den Jahren des Bürgerkrieges als »Friedensfürst« feiern lassen. In einer berühmten zeitgenössischen Inschrift aus Priene heißt es:

> *»Da die Vorsehung, die alles in unserem Leben ordnet, […] das Beste für unser Leben bestimmte, sandte sie Augustus, den sie zum Heile der Menschen mit Würde erfüllte, und schickte den Heiland für uns und unsere Nachkommen, der den Kriegen ein Ende macht und alles in Ordnung bringt. […] Der Geburtstag des Gottes war für die Welt der Anfang aller Dinge, die um seinetwillen Evangelien sind.«*

In Rom selbst hatte der Dichter Vergil den Beginn eines neuen Zeitalters verkündet und die Sendung Roms folgendermaßen beschrieben:

> *»Andre mögen Gebilde aus Erz wohl weicher gestalten, / dünkt mich, und lebensvoller dem Marmor die Züge entringen, / besser das Recht verfechten und mit dem Zirkel des Himmels / Bahnen berechnen und richtig den Aufgang der Sterne verkünden: / Du aber, Römer, gedenke die Völker der Welt zu beherrschen. / Darin liegt deine Kunst. Schaffe Gesittung und Frieden, / schone die Unterworfnen und ringe die Trotzigen nieder.« Und Jupiter selbst bestätigte: »Ein Reich ohne Ende habe ich (euch) gegeben.«* (Aeneis VI 851–854. I 278)

Nach der Niederwerfung seiner Widersacher und der Einführung des Kaisertums anstelle der Republik hatte Augustus die Tore des Janustempels auf dem Forum schließen lassen, die in Kriegszeiten geöffnet waren, und die *Ara Pacis*, den »Friedensaltar«, errichtet, der die Vision des »neuen Zeitalters« verkünde-

Die Ara Pacis

te. Er steht heute in rekonstruierter Form neben den Überresten des gewaltigen Augustus-Mausoleums, das dieser für sich und die julischen Kaiser erbaut hatte. Die Außenwände um den eigentlichen Altar herum tragen Reliefs mit der kaiserlichen Botschaft: Die Familie des Augustus bringt in einer Prozession Opfer dar. Indem sie sich als Gemeinschaft uneigennütziger Diener des Staates darstellt, wird auf subtile Weise Propaganda für die neue Regierungsform betrieben. Darüber hinaus zeigen zwei Reliefs mit Personifikationen der fruchtbaren Erde und der Roma die »Früchte« der kaiserlichen Herrschaft, die sich als Wiederherstellung altrömischer Verhältnisse feiern lässt. Ganz in der Nähe hatte sein Schwiegersohn Vipsanius Agrippa übrigens eine der ersten Weltkarten anbringen lassen, die – wie Plinius in seiner Naturgeschichte (3, 17) schreibt – der Stadt den befriedeten Erdkreis, das »Reich ohne Ende« vor Augen stellte.

Tatsächlich hatte nach den Eroberungen des Augustus eine Zeit des Friedens zumindest im Innern begonnen – ohne dass dadurch die sozialen Ungleichheiten beseitigt oder auch nur gemindert worden wären. Aber immerhin – es gab ein sicheres Straßensystem, bei dem fast alle Wege nach Rom führten, eine einheitliche Sprache (noch war das Griechisch, bevor sich die Verwaltungssprache Latein im Westen – wieder – als Umgangssprache durchsetzte), ein einheitliches Recht, und »Römer« sind vielfach »Weltbürger«, wie nicht zuletzt die intensive Reisetätigkeit von Händlern und Beamten zeigt. Für die Hauptstadt des Weltreiches bedeutete das auch massive Zuwanderung und das Entstehen einer »multikulturellen« Gesellschaft. Seneca (1–65), der Lehrer Neros, schreibt über die Stadt, die auf bis eine Million Einwohner anwuchs:

> *»Wirf einen Blick auf diese Masse, für die die Häuser der unermesslich großen Stadt kaum ausreichen. Der größte Teil dieser Menschenmenge hat keine Heimat. Aus ihren Kleinstädten und Kolonien, ja aus der ganzen Welt sind sie hier zusammengeströmt«* (Consolatio ad Helviam matrem 6, 2).

Und Tacitus (ca. 58–120) drückt – im Blick auf die Christen – den Abscheu alteingesessener Römer gegenüber all den neuen, fremden Kulten aus:

> *»Der (durch die Hinrichtung Jesu) für den Augenblick unterdrückte verderbliche Aberglaube brach nicht nur in Judäa, dem Ursprungsort dieses Unwesens, sondern auch in Rom wieder aus, wo von allen Seiten alle nur denkbaren Gräuel und Abscheulichkeiten zusammenströmen und Anhang finden.«* (Annalen, 15, 44)

Im Stadtbild dominieren im 1. Jh. noch die Tempel traditioneller Gottheiten, von denen allerdings kaum einer erhalten ist. Die kleinen Tempel am Forum Boarium (gegenüber der Kirche S. Maria in Cosmedin) geben eine gewisse Vorstellung von diesen »klassischen« römischen Tempeln. Auch der Vorgänger des Pantheons stand schon zur Zeit der Apostel, wie die Erwähnung des Stifters Agrippa (Schwiegersohn des Augustus und gest. 12 v. Chr.) über der Vorhalle bezeugt, auch wenn der gewaltige Kuppelbau erst unter Kaiser Hadrian um 120 n. Chr. errichtet wurde. Die Widmung an »alle Götter« meinte damals vor allem die mit dem Herrscher, d. h. Augustus, verbundenen Götter, die ungewöhnliche, vollkommene Form steht aber vielleicht auch für die Versuche dieser Zeit, die Einheit der vielen Götter bzw. des Göttlichen zu denken.

Am Rande des Forums zeugen die Überreste der Kaiserforen von der Einbeziehung der Herrscher ins römische »Pantheon«: Im Marstempel des Augustusforums stand auch die Statue des vergöttlichten Cäsar. Er und seine Nachfolger standen für die »göttliche« Ordnung der Welt – und eine Weigerung, sie zu verehren, erschien bald als Zeichen für eine Ablehnung dieser grundlegenden Ordnung.

Neben den traditionellen Heiligtümern entstanden in den Jahrhunderten um Christi Geburt aber tatsächlich mehr und mehr Bauten für neue Kulte, vornehmlich aus Ägypten, dem syrischen Raum und Anatolien. Die damit verbundenen Riten erfüllten oft das Bedürfnis nach persönlichem Erleben, waren offen für alle Schichten und theologisch in das System des römischen Polytheismus integrierbar. Deshalb wurden sie wie die traditionellen Kulte vom Kollegium der »Fünfzehn Opferpriester« überwacht.

Schon nach dem Zweiten Punischen Krieg gegen die Karthager war – nach Befragung der sibyllinischen Bücher – ein Tempel der kleinasiatischen Kybele auf dem Palatin errichtet worden, um die Gunst der Götter zurückzugewinnen. Seit der Verbindung von Cäsar mit Kleopatra und der Eroberung Ägyptens etablierte sich dann der Kult der Isis; sogar im kaiserlichen Palast finden sich Bilder von ihr. Zwar wurde der Kult mehrfach verboten, doch nach dem Tod des Tiberius entstand auf dem Marsfeld ein neuer Tempel dieser »Muttergottes« mit dem Horusknaben. (Die beiden Obelisken, die heute vor dem Pantheon und vor S. Maria sopra Minerva stehen, gehörten zu diesem Heiligtum.) Ein weiteres Isis-Heiligtum, das sogenannte Phrygianum, wurde nahe bei der späteren Fassade von St. Peter errichtet.

Von den zahlreichen anderen literarisch belegten Heiligtümern orientalischer Gottheiten konnte eines auf dem Gianicolo, oberhalb von Trastevere, damals ein Stadtteil mit starkem orientalischen Bevölkerungsanteil, auch archäologisch nachgewiesen werden. Es entstand im 1. Jh. und war bis ins 4. Jh. in Gebrauch. Eine kleine Basilika war Atargatis, auch *Dea Syria* genannt und dem Wettergott Hadad gewidmet, ein weiterer Bau dem Osiris und Adonis.

Besonders attraktiv wurde ab dem 1. Jh. auch der Kult des Mithras, einer iranischen Gottheit. Sie verkörperte den Kampf und Sieg des Guten über das Böse und war insbesondere bei Soldaten beliebt. Zahlreiche unterirdische Kulträume, wie Höhlen gestaltet, wurden eingerichtet, vor allem auch in der römischen Hafenstadt Ostia. Unter den Kirchen S. Clemente und S. Prisca sind solche Mithräen bis heute zu sehen. In ihnen wurde oft die Tötung eines Stieres durch Mithras dargestellt und erzählt (nicht vollzogen), dessen Tod der Welt neues Leben schenkt. Unter S. Prisca finden sich zudem Malereien mit der Darstellung von Eingeweihten verschiedenen Grades. Dass es (auch) von Mithras heißt, er sei in einer Höhle geboren und von Hirten verehrt worden, und dass auch bei den Ritualen der Mithrasanhänger »Brot und Wasser mit bestimmten Worten hingestellt werden«, hat christliche Apologeten wie Justin (gest. um 165) von einer Nachahmung christlicher Inhalte sprechen lassen

Mithrasopfer (Kapitolinische Museen)

(Gegen Tryphon 70, 1 f.; Apologie I 66). Tatsächlich nimmt man heute an, dass diese Form der Mithrasreligion mit ihren Einweihungsritualen in Ostia oder Rom selbst im 1. Jh., d. h. parallel zum Christentum, entstanden ist.

Die heftige Abneigung gegen all diese fremden Kulte und ihre Verehrer, die bei Tacitus, aber auch bei anderen Autoren wie Martial und Juvenal deutlich wird, entspricht – wie so oft – nicht unbedingt der zahlenmäßigen Bedeutung ihrer Anhänger, die überall nur recht kleine Kulträume errichteten.

Das gilt auch für das Judentum. Im 1. Jh. lebten – trotz zeitweiser Vertreibung unter Tiberius und Claudius – vermutlich 30–40.000 Juden in Rom; das entspricht etwa 3,5 % der Bevölkerung. Der Schwerpunkt lag in ärmeren Vierteln wie Trastevere; meist waren die römischen Juden Händler, Handwerker (u. a. Zeltmacher) und »Intellektuelle« (vgl. Philo, Legatio ad Gaium 23). Cäsar hatte ihnen zahlreiche Rechte zugestanden: Als Angehörige einer *religio licita* durften sie sich zu Kultveranstaltungen versammeln, nach ihren Gesetzen leben und waren vom Militärdienst befreit. Dafür mussten sie eine eigene Steuer an den *Fiscus Judaicus* zahlen. Literarisch sind mehrere Synagogen bezeugt. Sie lagen in Trastevere, aber auch auf dem Marsfeld, auf dem Aventin und in der Subura, waren nach Augustus, Agrippa oder ihrem Stadtteil benannt. Die einzelnen Gemeinden besaßen einen Ältestenrat (*gerusia*) und verschiedene Ämter, waren aber wohl nicht zu einem Gesamtverband zusammengeschlossen. Das erleichterte vermutlich auch das Eindringen des Christentums in einzelne Gemeinden. Seit dem 1. Jh. begruben die Juden ihre Verstorbenen auf eigenen Friedhöfen bzw. in Katakomben – die älteste liegt wiederum jenseits des Tibers, südlich der Porta Portese, in Richtung Ostia. Bei der Ausmalung tauchen jüdische Symbole (Menora, Tempelfassade, Schofar, Lulav und Etrog), aber auch einzelne figürliche Darstellungen auf. Von den sieben bekannten jüdischen Katakomben kann zumindest eine, die von Vigna Randanini im Bereich der Via Appia, zu bestimmten Zeiten besichtigt werden.

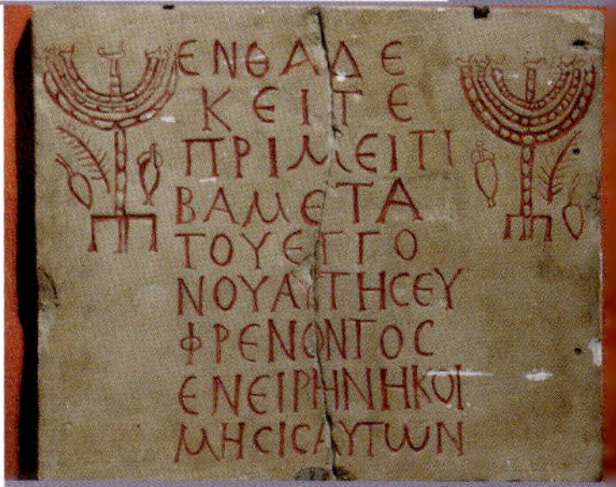

Jüdischer Grabstein (Museum der röm. Synagoge)

Titusbogen. Die Menorah als Beutestück im Triumphzug

Obwohl die Juden in vieler Hinsicht gut integriert waren (so sind ihre Namen vielfach lateinisch), wurden vor allem der Proselytismus und die fremdartige, abgrenzende Lebensweise häufig kritisiert. Trotzdem fand das Judentum, nicht zuletzt dank seiner Gottesvorstellung, Sympathisanten auch in höchsten Kreisen. Die Ehefrau Neros, Poppaea Sabina, stand vermutlich dem Judentum ebenso nahe wie Domitilla und ihr Ehemann, T. Flavius Clemens, ein Vetter Domitians.

Bald nach der Zerstörung Jerusalems im Jahr 70 zeugen der Titusbogen am Rande des Forum Romanum und ein zweiter Bogen am Circus Maximus sowie der »Friedenstempel« (*templum pacis*) auf dem Vespasiansforum von dem letztlich erfolglosen Aufstand der Juden in Judäa gegen die römischen Besatzer. Die Juden Roms haben sich bezüglich des Aufstandes wohl neutral verhalten (müssen); Nachrichten über ihre Reaktion gibt es jedenfalls nicht. Auch die unterschiedliche Bewertung dieser Niederlage durch Juden und Christen – Letztere sahen darin eine Strafe für die Ablehnung Jesu (vgl. noch Eusebius, Kirchengeschichte 3,5,3) – markiert die Trennung der beiden Gruppen. Durch den Bogen war aber an prominenter Stelle das Symbol des Judentums schlechthin ständig in Rom präsent: die Menora des Jerusalemer Tempels. Sie wurde im Triumphzug des Titus im Jahr 71 mitge-

Mosaik aus Ostia mit Schiff und Leuchtturm

Synagoge von Ostia: Blick in die Nische für die Thorarollen

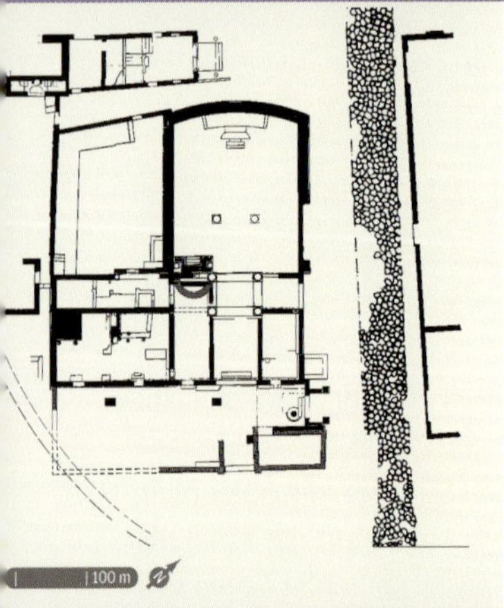

Grundriss der Synagoge von Ostia

führt, anschließend aufbewahrt und 455 durch die Vandalen möglicherweise nach Nordafrika verschleppt. (Das – legendarische – Schicksal des Leuchters hat Stefan Zweig in seiner meisterhaften Novelle »Der begrabene Leuchter« dargestellt.)

Wohnhäuser aus dem 1. Jh. haben sich faktisch kaum erhalten. Sicher ist, dass auch Rom in vornehme und weniger vornehme Viertel unterteilt war. Die Oberschicht wohnte dabei auf den luftigen Hügeln in Villen mit weitläufigen Gärten, vor allem im Bereich von Pincio und Quirinal, die Unterschicht in den sumpfigen, von Überschwemmungen bedrohten Niederungen, vielfach in regelrechten Mietskasernen und unter schlimmen Bedingungen, vor allem im Süden der Stadt und in Trastevere. Reste eines Mietshauses aus dem 2. Jh. n. Chr. sind unterhalb der Treppe, die zur Kirche S. Maria in Aracoeli führt, gefunden worden. Es war mindestens viergeschossig, lehnte sich an den Felsen und beherbergte wahrscheinlich mehrere hundert Menschen unter ziemlich katastrophalen Verhältnissen.

Ein Besuch in Ostia antica, der Hafenstadt Roms, vermittelt heute am ehesten einen Eindruck von den Lebens- und Wohnverhältnissen in einer römischen Stadt der Kaiserzeit. Neben den öffentlichen Bauten wie dem Tempel der Kapitolinischen Gottheiten und einem Theater finden sich Anlagen, die mit dem Hafenbetrieb verbunden waren. Dazu gehören Speicher und der eindrucksvolle Platz der ausländischen Handelskorporationen mit seinen gut erhaltenen Mosaikfußböden, aber auch Zeugnisse der städtischen Infrastruktur wie Feuerwehrwache und Latrinen sowie zahlreiche mehrstö-

Fragment aus der Synagoge von Ostia (Kopie)

ckige Wohnanlagen. Und neben einem Tempel des ägyptischen Serapis und zahlreichen Mithräen wurde 1961 außerhalb der Stadtmauer bei den Terme di Porta Marina auch eine Synagoge entdeckt. Ein Bauwerk des 1. Jh.s wurde vermutlich Mitte oder Ende des 2. Jh.s in einen Gebetsraum umgewandelt; die heutigen Überreste stammen aus dem 4. Jh. Der Eingang des mit Bänken und Bema (Plattform für die Lesekanzel) ausgestatteten Raumes wies nach Südosten, links von ihm, in einer Nische, ebenfalls Richtung Jerusalem weisend, wurden vermutlich die Schriftrollen verwahrt – die Kapitelle dieser Nische mit ihrer Darstellung von Menora und Schofar erlaubten eine eindeutige Identifizierung des Baus als Synagoge (Kopien befinden sich heute im Museum der Großen Synagoge von Rom; s. u. S. 165). In einem Nebenraum befand sich ein Backofen, möglicherweise für die Herstellung von rituell reinem Brot (Mazzot).

Die römischen Kaiser residierten von Anfang an auf dem Palatin. Hier und auf dem Forum hatte Augustus die Umgestaltung der Stadt besonders intensiv betrieben: Eine Stadt aus Ziegeln wurde zu einer Stadt aus Marmor. Reste des vor allem von Domitian (81–96) ausgebauten Komplexes mit den Häusern des Augustus und der Livia sowie des Tiberius sind noch zu sehen. Einst war der gesamte Bereich ein Schaubezirk, der einen ähnlichen Zweck erfüllen sollte wie später das Denkmal für Vittorio Emmanuele. An der Südseite des Hügels lag bereits der Circus Maximus, die gewaltige Rennbahn mit Platz für 150.000 Zuschauer – und illustrierte die paulinischen Anspielungen auf Rennen in einem Stadion (vgl. 1 Kor 9, 24–27; Phil 3, 14; 2 Tim 4, 7; Hebr 12, 1).

Nördlich des Hügels errichtete Kaiser Nero nach dem Stadtbrand von 64 ein neues »Goldenes Haus« (*Domus Aurea*) für sich, dessen Gelände sich bis auf die Nachbarhügel erstreckte und mit seiner Ausdehnung über ca. 80 ha eher einem Landgut als einem Palast glich. Der Kaiserbiograph Sueton (gest. 122 n. Chr.) beschreibt die Anlage mit »*einem künstlichen See, der fast ein Meer war, umgeben von Häusern, so groß wie Städte. Dazu kamen Villen mit Feldern, Weinbergen und Weiden, Wälder voller wilder und zahmer Tiere.*

Einige Teile des Hauses waren vollständig vergoldet und mit Gemmen und Muscheln geschmückt. In den Speisesälen gab es bewegliche Decken aus Elfenbein, durch die Blumen herabgeworfen und Parfum versprengt werden konnten.« (Nero 31)

Nur einzelne Räume der einst luftigen Villenanlage sind im Untergeschoss der Trajansthermen erhalten geblieben. Besonders eindrucksvoll sind die Deckenmalereien (im sogenannten 4. Stil, dem Phantasiestil) und der oktogonale Saal – möglicherweise einst einer der Speisesäle – mit seiner Kuppel. (Weitere Zeugnisse kaiserzeitlicher Kunst, vor allem Malereien, finden sich im Museo Nazionale Romano im Palazzo Massimo alle Terme.) Der schon zu seinen Lebzeiten als unangemessen empfundene riesige Bau wurde nach Neros Tod abgerissen und verschüttet. Zu Beginn der Renaissance wurden einige Räume wiederentdeckt; die Malereien dienten u. a. Raffael als Vorlage für die Ausmalung der Bogengänge im Vatikanischen Palast. Außerdem fand man hier u. a. die Laokoongruppe und den Apoll von Belvedere (s. u. S. 77).

An die Stelle dieses Baus für einen Einzelnen setzten die folgenden Kaiser Bauten für die Allgemeinheit. Vespasian und Titus errichteten im Bereich des

Das Kolosseum

erwähnten Sees das Flavische Amphitheater, das unter dem Namen Kolosseum bekannt ist – vielleicht wegen der Kolossalstatue Neros, die (umgestaltet zu einem Bild des Sonnengottes) im Zusammenhang mit dem Bau hierhin gebracht worden war. An den Bauarbeiten (72–80) waren vermutlich jüdische Sklaven bzw. Kriegsgefangene beteiligt. Ganz in der Nähe lag der *Ludus Magnus*, die dazu gehörige Gladiatorenschule, von der ebenfalls noch Reste zu sehen sind. Auch wenn also diese Arena zur Zeit der Apostel noch nicht bestand, so gehörten die an ähnlichen Orten veranstalteten »Spiele« neben dem »Brot« zu den wesentlichen Dingen, mit denen ein römischer Herrscher das Volk versorgen musste. Umgekehrt gehörte die Ablehnung der brutalen, den Göttern geweihten Spiele durch die Christen zu jenen Merkmalen, die auch Außenstehenden auffielen. Allerdings dauerte es bis 435, dass Gladiatorenkämpfe in Rom offiziell verboten wurden. Noch im Jahr 403 hatte ein Mönch namens Telemachos eine im Kolosseum gehaltene »Predigt« gegen die Kämpfe mit dem Leben bezahlt.

Petrus und Paulus können schon aus zeitlichen Gründen nicht im Kolosseum hingerichtet worden sein. Auch kein anderes Martyrium eines Christen an diesem Ort ist sicher bezeugt. Dennoch ist es zum Sinnbild des »Kampfes«

Römisches Mosaik mit der Darstellung von Gladiatorenkämpfen

Die Via Appia südlich von Rom

zwischen römischen Kaisern und christlichen Märtyrern geworden: Seit dem 18. Jh. steht am Rand der Arena ein Kreuz, und das Nachgehen von Jesu »Kreuzweg« am Karfreitag an diesem Ort gehört zu den kirchlichen Traditionen Roms. Welche Nachrichten über das Leben und Martyrium der Apostel in Rom aber gibt es überhaupt?

Petrus und Paulus in Rom

Gefangennahme des Paulus (Sarkophag des Junius Bassus aus der Mitte des 4. Jh.s)

Laut Apostelgeschichte kam Paulus nach einer zweijährigen Haft in Cäsarea nach Rom. Mit Berufung auf sein römisches Bürgerrecht (vgl. auch Apg 22,25–27) hatte Paulus bei der Verhandlung vor dem Statthalter Festus an den Kaiser appelliert und wurde daraufhin von einem Hauptmann der kaiserlichen Kohorte nach Rom gebracht. Das Schiff, das ihn von Malta nach Puteoli (Pozzuoli bei Neapel) brachte, hatte die Dioskuren Castor und Pollux als Schiffszeichen. Von dort zog er zu Fuß die 190 km nach Rom, das er über die Via Appia erreichte. Gemeindemitglieder empfingen ihn aber bereits in Forum Appii und Tres Tabernae, 65 km bzw. 50 km südlich von Rom – so der in Wir-Form abgefasste Text der Apostelgeschichte, aus dem manche Forscher schließen, der Verfasser habe Paulus begleitet. Die erwähnten Orte waren Pferdewechselstationen an der von Appius Claudius Caecus Ende des 4. Jh.s v. Chr. angelegten Straße, die von Rom nach Brindisi führte. Tres Tabernae, wo eine Thermenanlage freigelegt werden konnte, wurde später Bischofssitz und besaß eine dem Paulus geweihte Kathedrale. Die Stadt Rom dürfte der Apostel an der Porta Carpena betreten haben.

In Rom lebte Paulus zwei Jahre lang unter leichter Bewachung in einer Mietwohnung und »verkündete das Reich Gottes« (Apg 28,31). Dieser Darstellung zufolge ist bei der Ankunft des Apostels die Trennung der »Kirche« von der »Synagoge« bereits vollzogen – jedenfalls begegnet Paulus den führenden Männern einer jüdischen Gemeinde, die keine direkten Informationen über die neue »Sekte« (mehr) hat (vgl. Apg 28,17–28). Aus Phil 4,22, wo Brüder »aus dem Haus des Kaisers« erwähnt werden, schließen manche Ausleger, der Brief sei während dieser Gefangenschaft in Rom geschrieben worden.

Über die Zeit nach dieser Gefangenschaft (die etwa in die Jahre 61–63 fällt – gleichzeitig war übrigens Josephus Flavius als Teil einer jüdischen Gesandtschaft in Rom) macht die Apostelgeschichte keine Angaben. Angesichts der Abschiedsrede in Milet (Apg 20,22–24), die ein Wissen um den baldigen Tod des Paulus andeutet, erscheint es unsicher, ob Paulus noch einmal freigelassen wurde und z. B. die geplante Reise nach Spanien unternommen

Kaiser Nero (Kapitolinische Museen)

hat. Wenn – wie einzelne Forscher vermuten – in den persönlichen Notizen 2Tim 1,17 und 4,6–18 Nachrichten über die letzten Lebensjahre des Paulus verwendet worden sind, könnte er noch einmal in Kleinasien gewesen und dort plötzlich verhaftet worden sein, so dass er nicht einmal Mantel und Bücher mitnehmen konnte. Nun blickt er (wieder in Rom?) auf seinen ersten Aufenthalt und Prozess zurück und erwartet sein Ende.

Im Juni des Jahres 64 wurden große Teile Roms bei einem verheerenden Stadtbrand vernichtet, der vermutlich in den Tavernen des Circus Maximus ausbrach. Es bleibt unklar, ob der Brand ein Unglücksfall war, im Auftrag Neros gelegt wurde, um Platz für ein neues Rom zu schaffen (später ist es der Christ Orosius, der behauptet, er habe mit Blick auf die Feuersbrunst ein Lied über den Brand Trojas gesungen), oder sogar von fanatischen Christen, die so das Ende der verhassten Hauptstadt herbeizwingen wollten. Sicher ist, dass die Christen für den Brand verantwortlich gemacht und viele von ihnen kurz darauf hingerichtet wurden. Tacitus schreibt dazu: Da sich das Gerücht hielt, Nero habe den Brand selbst gelegt,

> *»schob er die Schuld auf andere und belegte jene Menschen mit ausgesuchtesten Strafen, die das Volk wegen ihrer Schandtaten hasste und Christen nannte. […] Zuerst wurden diejenigen ergriffen, die Geständnisse ablegten, dann, auf ihre Angabe hin, eine gewaltige Menge Menschen, die weniger wegen der ihnen zur Last gelegten Brandstiftung als wegen ihres allgemeinen Menschenhasses als überführt galten. Mit denen, die zum Tode bestimmt waren, trieb man noch Spott: In Felle wilder Tiere eingenäht, wurden sie von Hunden zerfleischt oder mussten, ans Kreuz geschlagen und angezündet, nach Einbruch der Dunkelheit als nächtliche Beleuchtung brennen. Seine eigenen Gärten hatte Nero zu diesem Schaustück hergegeben. […] So strafbar auch jene Menschen waren […], regte sich doch Mitleid, weil sie nicht dem Nutzen der Allgemeinheit, sondern der Grausamkeit eines Einzelnen geopfert wurden.«* (Annalen 15,44,3–5)

Eusebius von Cäsarea datiert in seiner Chronik diese Verfolgung und das Martyrium des Paulus (und des Petrus) in das 14. Jahr des Nero, d. h. ins Jahr 67, Hieronymus ebenfalls zwei Jahre nach dem Tod des Philosophen Seneca (gest. 65 n. Chr.). Sollte die Verfolgung so lange gedauert oder der Prozess gegen Paulus sich bis in dieses Jahr hingestreckt haben?

Erstes direktes Zeugnis über das Petrus- und Paulus-Martyrium ist der 1. Clemensbrief, geschrieben um 96 n. Chr. von einem der Ältesten der römischen Gemeinde, anlässlich von Streit und Eifersucht in der Gemeinde von Korinth:

> »*Halten wir uns die tapferen Apostel vor Augen: Petrus, der wegen unberechtigter Eifersucht nicht eine oder zwei, sondern viele Mühsale erduldete und so, nachdem er Zeugnis abgelegt hatte, an den gebührenden Ort der Herrlichkeit gelangte. Wegen Eifersucht und Streit verwies Paulus auf den Kampfpreis der Geduld. […] Er lehrte die ganze Welt Gerechtigkeit, gelangte bis zum äußersten Westen und legte vor den Machthabern Zeugnis ab. So schied er aus der Welt und gelangte an den heiligen Ort*« (1 Clem 5).

Nähere Einzelheiten berichten dann erst die apokryphen Paulusakten, die Ende des 2. Jh.s entstanden sind. Darin kommt Paulus (bei einem zweiten Aufenthalt) nicht als Gefangener nach Rom, wird von Nero aber zum Tod verurteilt, weil er »Soldat des Königs der Äonen« ist, und schließlich enthauptet. Der Zusammenhang zeigt, dass es bereits eine ältere Überlieferung bezüglich dieser Todesart gab, die römischen Bürgern zustand, und die – im Gegensatz zur Kreuzigung – als ehrenvoll galt. Sein Begräbnis wird in den Akten nicht beschrieben – bemerkenswerterweise erwähnen sie aber, er habe vor der Hinrichtung noch auf Hebräisch gebetet.

Von Petrus erzählt die Apostelgeschichte, dass er nach seiner wunderbaren Befreiung in Jerusalem »an einen anderen Ort« geht (Apg 12, 17). Paulus trifft ihn in Antiochien (vgl. Gal 2, 11 f.), und beim Apostelkonzil spielt er, zusammen mit den anderen »Säulen« der Gemeinde, eine wichtige Rolle (vgl. Apg 15; Gal 2, 9). Daraufhin scheint auch er (wie aus 1 Kor hervorgeht, mit seiner Frau!) auf Missionsreise gewesen zu sein, evtl. auch in Korinth, wo es später eine nach ihm benannte »Partei« gab (vgl. 1 Kor 1, 12; 9, 5). Sollte die Reise des Petrus nach Rom – ähnlich wie der Brief des Paulus – dem Ziel der Versöhnung unterschiedlicher Gruppen in dieser wichtigen Gemeinde gedient

Frühchristliche Grabplatte mit Darstellung von Petrus und Paulus (Vatikanische Museen)

haben? Vom Aufenthalt des Petrus in Rom berichten dann erst apokryphe Schriften, vom Martyrium seiner Frau, das er miterleben muss, spricht Clemens von Alexandrien (bei Eusebius, Kirchengeschichte 3,30).

Hieronymus schreibt im 4. Jh. dann, Petrus sei bereits im zweiten Jahr des Claudius (d.h. 43) – erstmals – nach Rom gekommen. Die Dauer seines Wirkens als Bischof von Rom wird deshalb traditionell mit 25 Jahren angegeben. Der Christengegner Porphyrios schreibt dagegen, er sei hingerichtet worden, nachdem er seine Schafe nur wenige Monate geweidet habe. Möglicherweise deutet die Formulierung bei Johannes, dass Petrus, wenn er alt geworden sei, die »Hände ausstrecken« werde (vgl. Joh 21,18), auf eine alte Überlieferung bezüglich seiner Kreuzigung (ebenfalls im Zusammenhang mit der Verfolgung unter Nero?) hin. Der zweite Petrusbrief gibt sich als Testament des Apostels (vgl. 2 Petr 1,13–15); weiter ausgemalt werden Wirken, Gefangenschaft und Martyrium aber ebenfalls erst in apokryphen Texten. Die sogenannten Petrusakten, entstanden um 180/190, schildern einen längeren Aufenthalt in Rom, während dessen Petrus sich vor allem mit Simon Magus (vgl. Apg 8,9–25) auseinandersetzen muss. Höhepunkt ist dessen Versuch einer »Himmelfahrt«, die mit einem Absturz endet, den das Gebet des Petrus herbeiführt. In der Wand der Kirche S. Maria Nova/S. Francesca Romana am Forum ist eine Platte eingelassen, in der man später die Abdrücke erkannte, die die Knie des Petrus beim Gebet hinterlassen haben. Der Apologet Justin behauptete im 2. Jh. zudem, unter Claudius sei am Tiber für den »göttlichen« Simon eine Bildsäule mit der Aufschrift »Simoni deo sancto« aufgestellt worden. Tatsächlich wurde in der Neuzeit im Tiber eine Weiheinschrift »Semoni Sanco« gefunden – die war allerdings dem altsabinischen Gott Semo Sancus gewidmet.

Die römischen Männer verfolgen Petrus laut den Akten vor allem deshalb, weil viele Frauen auf seine Predigt hin die Ehelosigkeit dem Verheiratetwerden vorziehen. Daraufhin flieht er, kehrt aber nach einer Erscheinung Jesu zurück und wird kopfüber gekreuzigt. (Verschiedene, besonders grausame Variationen der Kreuzigung schildern auch antike Schriftsteller.) Vorher hält Petrus eine letzte Predigt über das (Licht-)Kreuz und die dadurch erfolgte »Umkehrung« aller gewöhnlichen Werte. Wie Jesus wird er im Grab eines Jüngers beerdigt.

Spätere Schriften schildern auch seine Gefangenschaft im Mamertinischen Kerker. Der *Legenda aurea* zufolge betätigt er sich vor seinem Tod sogar noch als erster Reiseführer bei einer »biblischen Reise«: Zusammen mit dem Fürsten der Provence (den Maria Magdalena versucht zu bekehren) besucht er das Heilige Land, um diesen von der Wahrheit des Christentums zu überzeugen.

Eine Verehrung des Petrusgrabes ist wie bei Paulus ab der Mitte des 2. Jh.s nachzuweisen. Später entstehen Kirchen an weiteren Orten, die mit dem Aufenthalt der beiden Apostel in Verbindung gebracht werden. Historisch eindeutige Belege für all diese Traditionen gibt es nicht. Aber es wächst – ähnlich wie im Heiligen Land an den »Orten Jesu« – eine Erinnerungslandschaft, die das Gedächtnis an den Aufenthalt und das Martyrium der Apostel wachhält sowie Selbstverständnis und Identität der Christen spiegelt. Diese Landschaft und das Wachsen der Traditionen zeichnet dieser Reiseführer nach.

San Paolo alla Regola: Chorraum der Kirche

San Paolo alla Regola: Divi Pauli Apostoli hospitium et schola

Paulus-Stätten

S. Paolo alla Regola und S. Maria in Via Lata

Die christliche Gemeinde aus Juden- und Heidenchristen, die Paulus besuchte, hat archäologisch keine Spuren hinterlassen. Auch die paulinische »Erinnerungslandschaft« umfasst keinen entsprechenden Ort. Lokalisiert wird lediglich (wenn auch relativ spät) der Ort seines zweijährigen Aufenthaltes, und zwar in einer sandigen Gegend am linken Flussufer – der Beiname der Kirche S. Paolo leitet sich von (a)renula/»feiner Sand« ab –, in der ab dem Mittelalter viele Juden wohnten. Immerhin haben Ausgrabungen gezeigt, dass sich in dieser Region gegen Ende der augusteischen Zeit Lagerräume und Werkstätten befanden, die mit der Schifffahrt auf dem Tiber in Verbindung standen – u. a. solche von Zelt- und Segelmachern.

Im 17. Jh. wurde die im 13. Jh. erstmals bezeugte Kirche im barocken Stil komplett neu errichtet; die Bilder im Chor zeigen die Berufung des Paulus, seine Lehrtätigkeit in Rom sowie seine Hinrichtung. Die »Wohnung« des Paulus bildet in diesem Bau ein Oratorium, zu dem man rechts vom Chor ein paar Stufen hinabsteigt. An der Rückwand verkünden zwei Tafeln: »Um der Hoffnung

Santa Maria in Via Lata: Relief mit Darstellung von Paulus, Petrus und Lukas

Israels willen trage ich diese Fesseln« (Apg 28,20) und »[...] aber das Wort Gottes ist nicht gefesselt« (2 Tim 2,9). Sicher unbeabsichtigt schlägt auch der »Titulus« über dem Eingang die Brücke zum Judentum: Er nennt den Raum *hospitium* und *schola*, d. h. »Schule« des hl. Paulus, was dem hebräischen »Bet Midrasch« und dem jiddischen »schul« für den Ort des religiösen Lernens entspricht. Tatsächlich war ja die Wohnung des Paulus eine Art Lehrhaus, in dem man die christliche Lesart der jüdischen Überlieferung erlernen konnte.

Ebenfalls im 17. Jh. wird ein weiterer Ort als Wohnung des Paulus identifiziert, genauer gesagt, als Ort seines vermuteten zweiten Aufenthaltes: Im 11. Jh. waren Räume unter der Kirche S. Maria in Via Lata (an der Ecke zur heutigen Via del Corso) zugeschüttet worden; im Rahmen der Barockisierung des Gotteshauses wurden sie wiederentdeckt, freigelegt und mit dieser angenommenen Episode in Verbindung gebracht. Sie galten nun als Haus des Lukas, der laut 2 Tim 4,11 als Einziger noch bei Paulus war. Deshalb wurde der dort errichtete Altar mit einem Relief verziert, das Petrus, Paulus, Lukas und sein Symbol, den Stier, zeigt. Spätere archäologische Untersuchungen haben ergeben, dass hier in Wirklichkeit in einem Portikus der Kaiserzeit im 7. Jh. eine päpstliche Diakonia eingerichtet wurde. Eindrucksvolle Fresken, die u. a. Jesus in Getsemani und die Legende der Siebenschläfer darstellen, stammen noch aus dieser Zeit.

San Paolo alle Tre Fontane: Sogenanntes Gefängnis des Paulus

Tre Fontane

Den Ort der Hinrichtung des Paulus beschreiben, wie gesagt, auch dessen frühe Akten nicht. Erst im 6. Jh. wird in der Passio des Ps.-Marcellus diesbezüglich ein Platz namens Aquae Salviae, drei Meilen südlich von Rom genannt. Er heißt heute nach den »drei Quellen«, die angeblich dort entsprangen, wo das Haupt des Paulus nach der Enthauptung aufschlug, Tre Fontane.

Eine dort bereits im 5. Jh. errichtete Kapelle wurde 1599 durch den heutigen Bau ersetzt; drei auf unterschiedlichem Niveau liegende Nischenbrunnen im heutigen Kirchbau fassen die Legende in Architektur. Wegen Verschmutzung des Wassers wurden die Quellen 1950 versiegelt. Das in der Mitte der Kirche befindliche Fußbodenmosaik des 4. Jh.s mit der Darstellung der vier Jahreszeiten wurde im 19. Jh. von Ostia hierhin gebracht.

Wenige Schritte neben der Kapelle liegt eine weitere kleine Kirche des 16. Jh.s, S. Maria Scala Coeli (»Himmelsleiter«). Das Untergeschoss besteht aus einer Kapelle, hinter deren Altar sich ein Gefängnis mit Gitterfenstern befindet, in dem Paulus die Nacht vor der Hinrichtung verbracht haben soll.

Den Beinamen verdankt die Kapelle der Überlieferung, dass 1140, bei einer Messfeier des Bernhard von Clairvaux an dieser Stelle, eine Himmelsleiter erschienen sei – und die war in dieser Zeit ein Bild für Maria als »Brücke« zwischen himmlischer und irdischer Welt. Der Papst übertrug daraufhin die nahe gelegene Klosterkirche den Zisterziensern, die bald einen Neubau errichteten – die heutige eindrucksvolle Backsteinkirche SS. Vincenzo e Anastasio. Der erste Abt wurde 1145 als Eugen III. Papst – ein Zeichen dafür, wie versucht wurde, die Ideen der Reformorden für die Leitung der Kirche fruchtbar zu machen. (An Eugen richtete Bernhard wenig später die lesenswerte Schrift »Was ein Papst bedenken muss«.) Der heute von Trappisten besiedelte Ort ist meist eine Art Oase am Rande von Rom und trotz der legendarischen Überlieferung für viele Besucher der ideale Ort, über das Schicksal des Apostels nachzusinnen.

An der Via Ostiense, ca. 1,5 km südlich der Porta S. Paolo, befand sich früher auch das »Heiligtum des Abschieds«, wo Petrus und Paulus angeblich vor ihrem Martyrium voneinander getrennt wurden. Heute erinnern nur noch zwei Tafeln an einer Hauswand daran – das Bild der innigen Umarmung bei-

San Paolo fuori le mura: Paulusgrab mit »Ketten des Paulus«

der zeigt, wie die Apostel, die sich einst in Antiochien bekämpften, später von der Tradition gesehen wurden.

S. Paolo fuori le mura

Ältestes Zeugnis darüber, dass Paulus südlich von Rom, an der Via Ostiense, begraben liegt, ist der Text eines Presbyters Gaius aus der Zeit um 200, den Eusebius von Cäsarea überliefert:

> *»Ich kann die Siegeszeichen (tropaia) zeigen. Du magst auf den Vatikan gehen oder auf die Straße nach Ostia, du findest die Siegeszeichen der Apostel, welche die Kirche gegründet haben.«* (Kirchengeschichte 2, 25, 6 f.)

Wie dieses Denkmal ausgesehen hat, ist unbekannt. In der Mitte des 3. Jh.s wurden die hier verehrten Gebeine vermutlich in ein Heiligtum bei der Katakombe S. Sebastiano überführt (s. u. S. 65 und 92). Aber bereits Anfang des 4. Jh.s wurden sie zurückgebracht und es entstand unter Konstantin wohl eine kleine Kirche über dem als Grab verehrten Ort. Deren Apsis ist unmittelbar vor dem originalen Sarkophag, d. h. westlich davon, gefunden worden und heute unter Glas sichtbar – sie belegt, dass der kleine Bau damals anders ausgerichtet war als heute.

Erst um 390 errichteten die Kaiser Valentinian, Theodosius und Arkadius eine gewaltige fünfschiffige Basilika, die nach 400 von Kaiser Honorius vollendet wurde. Das Loblied dieser Kirche singt Anfang des 5. Jh.s der spanische Dichter und Rompilger Prudentius – sein Apostelhymnus, in dem es u. a. heißt, das Innere der Kirche erscheine überall wie Sonnenaufgang, ist eine der ersten Beschreibungen einer Kirche überhaupt (Peri stephanon XII). Vom Grundriss her entsprach sie der Basilica Ulpia auf dem Trajansforum und war bis zum Neubau von St. Peter die größte Kirche der Welt. Der Sarkophag, umgeben von Marmorplatten, von denen eine die Aufschrift »Paulo Apostolo Mart(tyr)« trug, blieb am vorgegebenen Ort, der bis heute nicht verändert wurde, d. h. an der Stelle kurz vor dem Triumphbogen der seitdem nach Osten ausgerichteten Kirche. Damals lag deren Fußboden noch tiefer

San Paolo fuori le mura: Osterleuchter mit Darstellung des Auferstandenen (oben)

als heute. Gregor I. schloss dann Ende des 6. Jh.s den Sarkophag, ähnlich wie in St. Peter (s. u. S. 65), in den Unterbau eines darüber errichteten Altares ein. Die alte Marmorplatte mit der Inschrift befand sich nun über dem Schrein mit den Gebeinen und war durchbohrt, so dass man u. a. Stoffbänder durch sie hindurchlassen konnte, die auf diese Weise zu »Berührungsreliquien« wurden. Seit dem von Papst Benedikt XVI. ausgerufenen Paulusjahr 2009 ist unter dem Altar wieder eine Seite des Sarkophags sichtbar, nachdem die ihn umschließende Mauer durchbrochen wurde. Eine Untersuchung der im Sarkophag befindlichen Gebeine ergab, dass sie einmal in einen mit Goldfäden durchwirkten Purpurstoff eingehüllt waren – wie die angeblichen Gebeine des Petrus (s. u. S. 64).

Oberhalb des Sarkophags werden in einem kleinen Glasschrein die angeblichen Ketten des Paulus gezeigt. Erstes Zeugnis für deren Vorhandensein ist ein Brief Gregors I. an eine Kaiserin, in dem er davon spricht, dass manchmal Späne davon abgefeilt und Pilgern mitgegeben werden – im Gegensatz zu einzelnen Knochen, deren Trennung von den Leichnamen er auch der Kaiserin gegenüber ablehnt. Anders als bei den Ketten des Petrus (s. u. S. 58) werden diese Fesseln von ihrem Träger mehrfach erwähnt (vgl. z. B. Phlm 9) – und spätestens von seinen Schülern werden sie auch theologisch bedacht: »[...] aber das Wort Gottes ist nicht gefesselt.« (2 Tim 2,9)

Nach einem Erdbeben um 450 erhielt die Kirche eine neue Ausstattung mit Mosaiken. Reste davon finden sich (in stark restaurierter Form) am Triumphbogen: Ein Brustbild Christi ist umgeben von den 24 Ältesten der Apokalypse sowie Petrus und Paulus. Auch die erste Reihe von Papstbildnissen, die in erneuerter Form bis in die Gegenwart fortgeführt wird, entstand damals (Reste befinden sich im Museum der Kirche).

Im 10. Jh. entstand bei der Kirche eine Benediktinerabtei, die bis heute besteht, und Anfang des 13. Jh.s der dazu gehörende Kreuzgang mit seinen

San Paolo fuori le mura: Im Kreuzgang

Doppelsäulen, die ihrerseits mit Cosmatenarbeiten geschmückt sind – der vielleicht schönste Kreuzgang der Stadt. In der Kirche selbst hat sich aus dieser Zeit der fast 5 m hohe Osterleuchter erhalten: Reliefs zeigen Szenen der Passion und Auferstehung Christi – gleichsam eine neue Form von Kaisersäule (s. S. 25 f.). Über dem Altar erhebt sich ein Baldachin von 1285, den Arnolfo di Cambio geschaffen hat. Statuetten mit sehr individualisiertem Ausdruck schmücken ihn – darunter auch eine des Timotheus, denn seit dem 7. Jh. verehrte man diesen Paulusschüler, der in der Apostelgeschichte und den Paulusbriefen häufig erwähnt ist, ebenfalls hier – wobei wohl eine Verwechslung mit einem gleichnamigen Märtyrer vorliegt. Selbst das angebliche Haupt der Samariterin vom Jakobsbrunnen wird in St. Paul verehrt – unter ihrem Taufnamen Photina (die Erleuchtete) soll sie später in Rom als Märtyrerin gestorben sein.

San Paolo fuori le mura: Hölzerne Paulusstatue

Auch das Apsismosaik wurde 1220 erneuert – das ursprüngliche Programm mit Christus, Petrus und Andreas, Paulus und Lukas wurde jedoch beibehalten. Das gilt auch für die Rekonstruktion des 19. Jh.s. Diese war notwendig geworden, weil durch eine Unachtsamkeit bei Bauarbeiten im Jahr 1823 der gesamte Kirchenbau abgebrannt war. Der Neubau, zu dem viele Herrscher (auch der muslimische Pascha Mohammed Ali von Ägypten) ihren Beitrag leisteten, entspricht in seinen Ausmaßen der alten Basilika und wirkt doch seltsam leblos. Zu den Ausstattungsstücken, die den Brand überstanden haben, gehört die Bronzetür des 11. Jh.s aus Amalfi, die heute die Rückseite der hiesigen »Heiligen Pforte« (s. u. S. 67 f.) bildet. Einzelne Platten zeigen eindrucksvoll Szenen des Martyriums von Petrus und Paulus. Und in der sogenannten Kruzifixkapelle des Querschiffs befindet sich eine mittelalterliche hölzerne Reliquienstatue des Paulus, die noch Spuren des Brandes trägt.

Am 25. Januar 1959, dem Fest der Berufung des Paulus, kündigte Papst Johannes XXIII. übrigens im Kapitelsaal des Klosters völlig überraschend die Einberufung des Zweiten Vatikanischen Konzils an, das auch der ökumenischen Bewegung neue Impulse gab; nicht zuletzt deshalb steht die Taufkapelle der Basilika heute als Gottesdienstort auch nicht-katholischen Gruppen zur Verfügung.

San Giuseppe dei Falegnami (vorne)

Petrus-Stätten

S. Pietro in Carcere / Der Mamertinische Kerker
Die »Erinnerungslandschaft« zum Aufenthalt des Petrus in Rom umfasst keinen Wohnort. Vielmehr wird die Reihe der legendarischen Orte eröffnet durch sein angebliches Gefängnis.

Als Ort dieser Gefangenschaft nennt die apokryphe Passionsgeschichte des Petrus aus dem 4. Jh., die unter dem Namen des Linus überliefert ist, den Mamertinischen Kerker, womit das alte römische Staatsgefängnis am Abhang des Kapitols und oberhalb des Forums, der *Carcer Tullianus*, gemeint ist. Der zweigeschossige Bau liegt heute unterhalb der Kirche S. Giuseppe dei Falegnami aus dem 16. Jh. – die antiken Mauern des Obergeschosses sind aber bereits von außen sichtbar. In den unteren Raum, den innersten Teil des Gefängnisses, wurden die Gefangenen durch ein noch sichtbares Loch in der Decke hinabgelassen – unter ihnen so prominente Gefangene wie der Numiderkönig Jughurta oder der Gallierhäuptling Vercingetorix, aber auch Simon bar Giora, der Anführer der Sikarier während des jüdischen Aufstands gegen Rom. Ein Zugang zur *Cloaca Maxima* ermöglichte eine Entsorgung der Leichen, wenn die Gefangenen hingerichtet worden waren. Hier wurde später eine Kapelle zum Gedenken an die Gefangenschaft des Petrus eingerichtet.

Quellwunder des Petrus (auf einem frühchristlichen Sarkophag)

Eine weitere Passionsgeschichte berichtet auch, dass die Wärter des Petrus, Processus und Martinianus (eigentlich zwei Märtyrer aus späterer Zeit), von diesem bekehrt und getauft wurden. Mangels Wassers für die Taufe habe Petrus im Kerker eine Quelle entspringen lassen – in Wirklichkeit war sie vermutlich einer der Gründe, warum sich der Ort als Gefängnis eignete. Die Quelle zeigt man bis heute in dem Raum neben der Säule, an der Petrus angeblich angekettet war.

Insbesondere die Überlieferung, dass Petrus wie einst Mose Wasser aus dem Felsen geschlagen habe, hat die frühchristliche Bildwelt Roms stark geprägt. Denn an vielen Stellen ist entweder nicht zu entscheiden, ob das Wunder des Mose (vgl. 2 Mose 17, 1–6) oder das des Petrus dargestellt ist, oder es ist deutlich, dass der Apostel abgebildet ist. Das gilt insbesondere für die Sarkophage mit mehreren Szenen aus dessen Leben, wie der Verleugnung, der Gefangennahme und ebendem Quellwunder.

San Pietro in Vincoli: »Ketten Petri«

S. Pietro in Vincoli

Mit der Gefangenschaft des Petrus ist ein zweiter Kirchenbau verbunden. Das Martyriologium des Hieronymus aus dem 5. Jh. nennt sie die erste, von Petrus errichtete Kirche in Rom; eine (verlorene) Inschrift bezeugte deren Baubeginn im Jahr 431. Zu ihrem heutigen Namen kam sie, als hier die Ketten hinterlegt wurden, mit denen er angeblich im Tullianum und in Jerusalem (vgl. Apg 12, 6 f.) gefesselt war.

Die Jerusalemer Ketten brachte Kaiserin Eudokia, die Gattin von Theodosius II., von einer Pilgerfahrt ins Heilige Land im Jahr 438 nach Konstantinopel und schenkte sie ihrer Tochter Licinia Eudoxia, der Gattin von Valentinian III., Kaiser des Westreiches. Diese übergab sie Papst Leo I. Die ausführliche Darstellung der *Legenda aurea* erzählt, Leo habe die Jerusalemer Ketten mit denen der römischen Gefangenschaft zusammengefügt, woraufhin die beiden zu einer einzigen Kette verschmolzen seien.

Als Festtag der Befreiung Petri bzw. seiner Ketten wurde bald der 1. August festgelegt. Dieser Tag erinnerte einst an den Sieg des Augustus über Antonius und Kleopatra bei Actium sowie an deren Tod und war einer der wichtigsten im römischen Kalender. Weil es bei diesem Fest aber auch um die Befreiung von den Ketten der Sünde geht, wurde als Evangelium der Text über die Lösegewalt des Petrus (Mt 16, 16–19) festgelegt.

Der Kirchbau des 5. Jh.s ist im Kern erhalten, einschließlich der kaiserzeitlichen Säulen im dorischen Stil. In Mittelalter, Renaissance und Barock wurde die Kirche mehrfach renoviert und umgestaltet und erhielt u. a. eine neue Fassade mit Vorhalle. Die Ketten befinden sich heute in einem Schrein über dem Altar der Confessio (eine Art offene Krypta) vor dem Hauptaltar; unter dieser Confessio wurde übrigens 1876 ein siebenteiliger Marmorsarkophag aus dem 4./5. Jh. entdeckt, der laut Inschrift die Gebeine der sieben makkabäischen Brüder enthielt, die wegen ihrer Treue zu den jüdischen Geboten das Martyrium erlitten (vgl. 2 Makk 7).

Neben diesen biblischen Reminiszenzen machen zwei Gräber die Bedeutung der Kirche aus: Im linken Seitenschiff wurde der Kardinal Nikolaus von Kues (gest. 1465) bestattet – mit seinen Schriften u. a. zum Frieden der Religionen einer der originellsten Theologen der Kirchengeschichte. Im rechten Querschiff steht außerdem Michelangelos monumentales Grabmal für Papst Julius II. (1503–1513), dessen Titelkirche S. Pietro war, und das ursprünglich – noch viel größer – im Zentrum von Neu-St. Peter erbaut werden sollte. Im Zentrum befindet sich, gerahmt von einem Propheten und einer Sibylle sowie von Lea und Rahel als Symbolen von aktivem und kontemplativem Leben, die berühmte Mosestatue. (Als Gegenüber war im ursprünglichen Plan eine Paulusstatue vorgesehen.) Weil die lateinische Bibel das hebräische Wort *qeren* für den Glanz auf dem Gesicht des Mose in 2 Mose 34, 29 f. mit *cornuta*

San Pietro in Vincoli: Mose-Statue des Michelangelo

übersetzte, trägt sie Hörner. Zeitgenossen des Michelangelo sahen auch vor allem den Glanz und die Schönheit der Statue; erst Sigmund Freud entdeckte in Haltung und Gesicht den unterdrückten Zorn des Mose – und darin, dass er die Tafeln nach der ersten Zerstörung (vgl. 2 Mose 32, 19) nicht noch einmal zerbrach, die übermenschliche, triebsublimierende Leistung des Mose. Einen Bezug zu Mose stellten die Päpste besonders in der frühen Neuzeit gerne her – war er doch der Prototyp eines guten und weisen Herrschers, der weltliche und geistliche Macht in sich vereinte, weshalb ihn auch Macchiavelli als idealen Fürsten angesehen hatte. (Schon Eusebius hatte übrigens Kaiser Konstantin als »neuen Mose« gepriesen.)

Domino Quo Vadis und S. Pietro in Montorio

Im Johannesevangelium fragt Petrus Jesus nach der Fußwaschung: *»Herr, wohin willst du gehen?«* (lat.: *Domine, quo vadis?*). Er antwortet: *»Wohin ich gehe, dorthin kannst du mir jetzt nicht folgen. Du wirst mir aber später folgen.«* Und als Petrus meint, er wolle sein Leben für ihn geben, kündigt Jesus seine dreifache Verleugnung an (vgl. Joh 13, 36–38).

Die Petrusakten erzählen Ende des 2. Jh.s von einer geplanten Flucht des Petrus aus Rom angesichts der Bedrohung durch Nero. Hinter dem Stadttor sei er Jesus begegnet und habe ihn (erneut) gefragt: *Domine, quo vadis?* Darauf habe der geantwortet: *»Ich gehe nach Rom, um gekreuzigt zu werden.«* Und auf Nachfrage des Petrus: *»Ja, Petrus, wiederum werde ich gekreuzigt.«* Daraufhin sei Petrus freudig umgekehrt, weil er so erfahren habe, dass er wie Jesus sterben werde.

Schon Ambrosius setzt sich mit dieser Überlieferung theologisch auseinander. Er warnt vor einer Fehldeutung, so als könne Jesus noch einmal sterben – immerhin heißt es ja in Röm 6, 9 ausdrücklich, dass Christus, einmal gestorben, nicht mehr stirbt. In Wirklichkeit gehe es um das Mitleiden Christi

San Sebastiano: »Fußspuren Jesu« aus der Kirche »Domino Quo Vadis«

in den Märtyrern (vgl. Brief 75 a, 13). Tatsächlich malt die Erzählung noch einmal bildhaft das Motiv der Verleugnung aus – und die Überzeugung, dass Petrus am Ende Jesus eben doch »gefolgt« ist.

Der Ort dieser »Begegnung« wird vermutlich erst sehr viel später lokalisiert. Aus dem 9. Jh. stammen die ältesten Zeugnisse über eine Kirche an der heutigen Stelle, ca. 800 m südlich der Porta San Sebastiano. Später wird sie S. Maria ubi Dominus apparuit (»wo der Herr erschienen ist«) oder S. Maria ad Passus (»bei den Schritten«) genannt. Die heutige Kirche »Domine quo vadis« wurde im 17. Jh. neu errichtet bzw. vollständig umgestaltet. Dort zeigt man die Kopie eines Steines mit den angeblichen Fußspuren Jesu, die er damals hinterlassen haben soll. (Das Original wurde 1637 nach S. Sebastiano überführt.) Wahrscheinlich handelt es sich um eine Votivtafel aus einem nahegelegenen Tempel des Deus Rediculus, mit dem jemand für eine glückliche Rückkehr gedankt hat. Als Sinnbild verstanden, spiegelt sich darin – ähnlich wie bei den Fußspuren Jesu auf dem Ölberg – die Überzeugung, dass das Leben und Sterben Jesu auf dieser Erde »Spuren« hinterlassen hat.

Bekannt geworden sind Legende und Kirche durch den 1896 erschienenen gleichnamigen Roman von Henryk Sienkiewicz, der 1905 den Nobelpreis erhielt und an den heute eine Büste in der Kirche erinnert. Er erzählt eine Geschichte aus der Zeit des frühen Christentums in Rom und lässt auch Petrus

San Pietro in Montorio: Tempietto des Bramante

und Paulus auftreten. Der Schlusssatz des Romans lautet: »Außerhalb der Porta Appia steht noch heute eine kleine Kapelle mit der etwas verwitterten Inschrift: Domine, quo vadis?«

Ebenfalls mit der versuchten Flucht des Petrus ist der Ort verbunden, wo heute die Kirche SS. Nereo e Achilleo steht, die Pfarrkirche des Titulus Fasciolae. Der merkwürdige Name erinnert an (kleine) Binden. Daraus entwickelte sich die Legende, Petrus habe an dieser Stelle die Binden verloren, mit denen seine aufgrund der Ketten verwundeten Hände und Füße umwickelt waren.

Für das 9. Jh. ist eine weitere Petruskirche mit Kloster am Gianicolo bezeugt. Daran knüpfte sich im Spätmittelalter die Überlieferung, Petrus sei hier, auf einem Hügel mit Blick auf die Stadt, gekreuzigt worden – auch dies in Parallele zur Kreuzigung Jesu auf dem Golgota-Hügel. Um 1500 wurde dann im Hof des Klosters nach Entwürfen von Bramante ein zweistöckiger Tempietto, ein »Tempelchen« errichtet. Er nimmt die alte römische Form des Rundbaus auf und gilt als mustergültiges Beispiel für einen Zentralbau der Renaissance, gerade auch dadurch, dass er wie die antiken Tempel ganz auf Außenansicht hin entworfen ist. Der Name, S. Pietro in Montorio, leitet sich dabei von Monte d'Oro (Goldberg) ab und spielt auf die Farbe der Erde in diesem Bereich an. Der kleine Bau inspirierte zudem den Neubau von St. Peter.

S. Pietro in Vaticano

Auch bezüglich des Petrusgrabes ist das älteste literarische Zeugnis der Text des Gaius (ca. 200 n. Chr.) über das »Siegeszeichen« beim Vatikanischen Hügel (s. o. S. 52 f. zu Paulus). In diesem vor allem landwirtschaftlich genutzten »Villenviertel« außerhalb der Stadt hatte Kaiser Caligula eine Rennbahn anlegen lassen, die Nero später ausbaute. Dabei hatte er u. a. in der Mitte, auf der *spina*, einen Obelisken aufstellen lassen, der aus Alexandrien stammte und mit dem größten Schiff seiner Zeit nach Rom gebracht worden war. Reste der »Startboxen« des Zirkus sind im Kellergeschoss des Palazzo delle

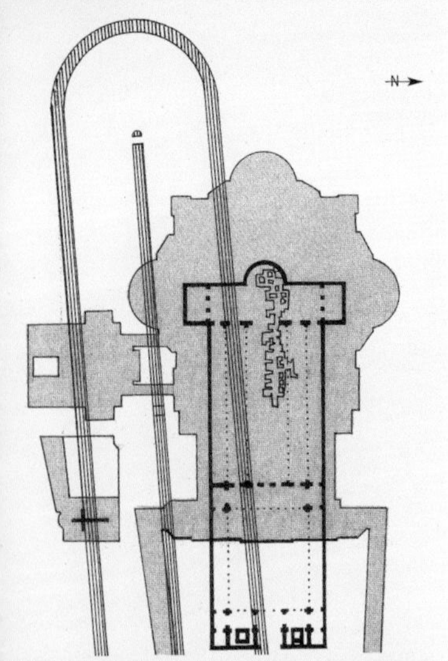

Grundriss der alten und neuen Peterskirche sowie des Circus des Caligula

Congregazioni Romane, westlich der südlichen Kolonnade des Petersplatzes, noch zu sehen, und auch der einstige Standort des Obelisken ist im Pflaster südlich der heutigen Kirche markiert. Die Passio des Linus aus dem 4. Jh. erwähnt diesen Zirkus auch als Ort des Martyriums Petri.

Nördlich des Zirkus, an der dort vorbeiführenden Via Cornelia, entstand ab dem 1. Jh. eine Nekropole. Sie kam bei Ausgrabungen, die Pius XII. im Jahr 1939 initiierte, unter dem Petersdom ans Licht. Dabei handelt es sich um einen öffentlichen Friedhof, auf dem bis ins 4. Jh. vor allem Nichtchristen, insbesondere reiche Freigelassene, beerdigt wurden. Entsprechend finden sich in den Gräbern auch pagane Bilder, z. B. von der trauernden Persephone. Doch je weiter man nach Westen kommt, desto zahlreicher werden die christlichen Gräber. In der sogenannten Gruft der Julier, deren Deckengewölbe aus dem 3. Jh. stammt, ist Christus in Gestalt des Sonnengottes dargestellt. Und im Valerier-Grab findet sich aus der gleichen Zeit die Inschrift: »*Petrus, bitte Jesus Christus für die heiligen Christen, die bei seinem Leibe begraben sind.*« Die Nekropole kann, ebenso wie eine weitere an der nach Norden führenden alten Via Triumphalis, im Rahmen von Führungen durch Mitarbeiter des Ufficio scavi besichtigt werden.

Dass es sich bei der erwähnten Rennbahn um den von Tacitus erwähnten Zirkus handelt, in dem die Opfer der neronischen Verfolgung hingerichtet wurden und ob sich Petrus darunter befand (wie die Passio des Linus aus dem 4. Jh. behauptet), der dann anschließend in einem nahegelegenen Grab bestattet wurde, kann historisch nicht bewiesen werden. Manche Forscher verweisen darauf, dass es schwierig gewesen sein dürfte, die Gebeine von Hingerichteten (die zudem oft verbrannt wurden) ausgehändigt zu bekommen; andererseits ist auch sonst bezeugt, dass die Christen große Mühe auf sich nahmen, um solche Gebeine von Märtyrern zu erhalten.

Aber dass die Christen Roms genau hier, unter dem Hauptaltar des späteren Petersdoms, schon vor 200 ein spezielles, d. h. das von Gaius erwähnte Grab verehrt haben, konnten die Ausgrabungen sehr wahrscheinlich

Die Nekropole unter S. Pietro in Vaticano (P – Petrusgrab, M – Gruft der Julier, H – Valerier-Grab)

machen: Dort befand sich nämlich in dieser Zeit ein kleiner Hof, der nach Westen mit einer rot verputzten Mauer abgeschlossen war, die anhand der Ziegel auf die Zeit nach 161 datiert werden kann. In dieser befand sich eine flache Nische mit einem vorgebauten Baldachin, getragen von zwei Säulen, und unter diesem Vorbau lag ein Grab, von dessen Bedeckung vier von sechs Ziegeln im 3. Jh. gegen eine Marmorplatte ausgetauscht wurden. Einige Zeit später wurde die Mauer durch den Druck von Regenwasser, vor dem sie eigentlich schützen sollte, beschädigt, so dass zwei stützende Mauern rechtwinklig davor gesetzt werden mussten, wobei die eine die rechte

Rekonstruktion der Ädikula des 2. Jh.s über dem Petrusgrab

Santi Silvestro e Martino ai Monti: Fresko mit Darstellung von Alt-St. Peter (16. Jh.)

Rekonstruktion der konstantinischen Anlage über dem Petrusgrab

Säule ersetzte. Auf dieser Stützmauer fanden sich außen Graffiti, die Christus anrufen. Bei den Ausgrabungen wurde außerdem ein Schlitz in der Mauer entdeckt, hinter dem sich eine später eingefügte, mit Marmor ausgekleidete »Box« befand, in der einige Knochen lagen, die zunächst beiseitegelegt wurden. Bei einer späteren Untersuchung zeigte sich, dass es sich um die Gebeine eines älteren Mannes des 1. Jh.s handelte (wobei Fußknochen fehlten), die einmal in ein Purpurtuch mit Goldfäden eingewickelt waren. Möglicherweise handelt es sich um die Gebeine, die Mitte des 3. Jh.s, wahrscheinlich aus dem ursprünglichen Grab unter dem Vorbau entnommen, für einige Zeit in die frühchristliche Gedenkstätte bei San Sebastiano »ausgelagert« wurden (s. S. 92) und später, im 4. Jh., hierhin zurückkehrten. Sie werden heute offiziell als die Gebeine des Petrus angesehen, nicht zuletzt deshalb, weil sich auf einem Putzfragment des Teils der roten Mauer, an den die Box grenzt, das Graffito PET(POC) EN(ECT I fand, was wahrscheinlich »Petrus (ist) darin« bedeutet.

Als Konstantin bald nach dem Sieg über Maxentius den Bau einer Gedächtnisbasilika über dem Grab des Petrus befahl, waren große Erdarbeiten am Hügel erforderlich, damit gerade dieses Grabmal den Mittelpunkt der Apsis bilden konnte. So nutzte er auch nicht die Grundmauern des Zirkus für die Kirche. Vielmehr wurde das Gelände nördlich des kleinen Platzes abgetragen, das im Süden wurde dagegen aufgefüllt, damit ein durchgehendes Niveau entstand, aus dem – nachdem man Teile der roten Mauer an den Seiten und oben abgetragen hatte – das jetzt von einem Marmorschrein komplett eingefasste »Siegeszeichen« als Memoria herausragte.

Pinienzapfen aus dem Atrium von Alt-St. Peter (Vatikanische Museen)

Eine Chorschranke mit Baldachin aus kostbaren gedrehten Säulen grenzte den Bereich des Heiligtums nach Osten hin ab, wo sich jenseits des Querhauses die gewaltige fünfschiffige Basilika anschloss, die zudem mit einem Atrium versehen war. Wohl unter Gregor I. wurde der Chorraum der Basilika so erhöht, dass der obere Teil der Memoria zum Altar wurde. So wurde einerseits die biblische Vision von den Seelen der Märtyrer unter dem Altar (vgl. Offb 6, 9) in Architektur umgesetzt, zum anderen wurde aus einem Raum, der vornehmlich den oft ausgelassenen Totenmählern diente (Augustinus spricht einmal davon, dass der Petersdom ein Ort des Weinrausches war), ein echter Kirchenraum, und unterhalb des neuen Chores wurde eine Ringkrypta angelegt, in die die immer zahlreicher werdenden Pilger über Treppen hinuntersteigen konnten und von der aus ein Stollen einen Zugang zur Memoria von hinten, von Westen her, ermöglichte.

Zum Bau von »Alt-St. Peter« gehörten auch zwei an das südliche Querschiff angeschlossene Rotunden. Die westliche stammte ursprünglich aus dem 3. Jh. und wurde von Papst Symmachus (498–514) Andreas, dem Bruder des

Petrus (und Erstberufenen des Johannesevangeliums) gewidmet. Die östliche war als Grablege für die theodosianische Dynastie vorgesehen und wurde später Petronilla, der legendären Tochter des Petrus, geweiht, von der die Petrusakten berichten. Für diese Kapelle war übrigens auch die von Michelangelo kurz vor 1500 geschaffene Pieta bestimmt. Der monumentale, aus der Antike stammende bronzene Pinienzapfen, der spätestens seit dem Mittelalter im Atrium der Basilika stand, befindet sich heute im Pinienhof der Vatikanischen Museen.

Der konstantinische Bau stand, bis die Päpste des 15. und 16. Jh.s den Beschluss erst zur Erweiterung, dann zum Neubau fassten – was durchaus auch auf Kritik stieß. Die Geldmittel dafür wurden u. a. durch den sogenannten Peterspfennig und den Ablasshandel beschafft, der dem Evangelium krass widersprach. Luther richtete seine 95 Thesen dagegen und fragte in seiner 86. These: »*Warum baut der Papst, der heute reicher ist als der reichste Crassus, nicht wenigstens die eine Kirche St. Peter lieber von seinem eigenen Geld als dem der armen Gläubigen?*«

Die Idee des Neubaus war u. a. von der Vision bestimmt, das Pantheon als »Kuppel« auf die Maxentiusbasilika zu setzen. Von dem in der Mitte des 15. Jh.s geplanten Zentralbau wurden nur die Chorpfeiler realisiert. Der Plan des Architekten Bramante sah dann einen Bau auf dem Grundriss eines griechischen Kreuzes vor. Doch die Bauarbeiten, mit denen man 1506 begann, kamen bald zum Erliegen. Um 1530 erwecken zeitgenössische Bilder den Eindruck, als sei der »Turmbau am Tiber« gescheitert. Erst dem neuen Bauleiter Michelangelo gelang es 1590, die gewaltige Kuppel zu vollenden. Unter dem Einfluss des Konzils von Trient entschied man sich dann aber, den Grundriss hin zu einem lateinischen Kreuz zu verändern. Das Langhaus des Architekten Maderna wurde 1614 vollendet, und 1636, ziemlich genau 1300 Jahre nach der Vollendung von Alt-St. Peter, erfolgte die Weihe des Baus, bei dem die Fassade nun leider den Blick auf die Kuppel aus der Nähe verdeckt – und außerdem in der

San Pietro: Statue der Veronika

monumentalen Inschrift nicht Petrus, sondern Paul V. in den Mittelpunkt rückt. Im Inneren des Doms schuf Bernini bis 1633 im Auftrag des Papstes Urban VIII. Barberini einen neuen Baldachin für den Hochaltar – der mit Hilfe der überall präsenten Bienen, dem Wappentier der Barberini, nicht zuletzt den Auftraggeber ehrt. Die Bronze dafür fand er im Pantheon, was die »sprechende Statue« des Pasquino zu dem kritisch-spöttischen Kommentar des veranlasste: *Quod non fecerunt barbari, fecerunt Barberini* (»Was die Barbaren nicht taten, taten die Barberini«). Die gedrehten Säulen übernahmen ihre Form von denen der konstantinischen Chorschranken; einige Originale wurden in die oberen Nischen der Vierungspfeiler integriert. Einer von ihnen, der Pfeiler der Veronika, birgt das Schweißtuch, das diese der Legende zufolge Jesus auf seinem Weg nach Golgota gereicht hat. Ein Bild dieses Tuches war im Mittelalter das römische Pilgerabzeichen – vergleichbar der Muschel in Santiago de Compostela. Der Name Veronika hängt mit dem Ausdruck *vera icona* (wahres Bild) zusammen, leitet sich aber ursprünglich wohl vom Namen Berenike ab, den – laut den Pilatusakten – die von Jesus geheilte blutflüssige Frau trug. Die anderen Pfeiler sind Andreas, dem Hauptmann unter dem Kreuz, den das Nikodemusevangelium Longinus nennt, sowie Helena gewidmet. Auch sie enthalten oder enthielten Reliquien – einen Splitter vom Kreuz, eine Longinus-Lanze, die der Papst 1492 vom türkischen Sultan Bayezid II. erhalten hatte, sowie das (geraubte) Haupt des Andreas, das inzwischen nach Patras zurückgegeben worden ist.

Das Petrusgrab und das darüber errichtete Monument befinden sich in der neuen Kirche, deren Niveau etwas höher liegt, weiterhin unter dem Hochaltar. Es ist nun von Osten, von der sogenannten Confessio aus, zugänglich, die offen vor dem Altar liegt. Zu sehen ist, vor allem wenn man in die Grotten mit zahlreichen Papstgräbern hinabsteigt, ein Teil der Nische in der uralten roten Mauer, die nun mit einem mittelalterlichen Mosaikbild Christi versehen ist, und ein Stück der Porphyrwände, die die Memoria umschließen.

Neben den drei regulären Portalen der Kirche findet sich auf Höhe des nördlichen Seitenschiffes auch eine sogenannte »Heilige Pforte«, die seit 1500 jeweils in Heiligen Jahren geöffnet wird. Sie ist – wie die Pendants in anderen Patriarchalbasiliken – auch heute noch mit der Gewährung von »Ablass« verbunden. Biblisch läge es näher, sie als Symbol für jene Tür zu sehen, von der Jesus spricht:

San Pietro: Bronzene Petrus-Statue

San Pietro: Marmorne Petrus-Statue

»Bemüht euch mit allen Kräften, durch die enge Tür zu gelangen […].« (Lk 13, 24) »Geht durch das enge Tor! Denn das Tor ist weit, das ins Verderben führt, und der Weg dahin ist breit, und viele gehen auf ihm. Aber das Tor, das zum Leben führt, ist eng, und der Weg dahin ist schmal, und nur wenige finden ihn.« (Mt 7, 13 f.) Und: »Ich bin die Tür […].« (Joh 10, 7)

Und so eindrucksvoll die sinnliche Erfahrung sein mag, dass das »Tor der Gnade« offensteht, so problematisch erscheint die Praxis, dass es in dieser Form – seit Alexander VI. – nur vom Papst geöffnet werden kann.

Von den zahllosen Kunstwerken des Baus seien nur die erwähnt, die in direkter Verbindung zu Petrus stehen: Die gewaltige bronzene Eingangstür des Filarete wurde schon 1455 geschaffen und zeigt in den unteren Feldern das Martyrium beider Apostel vor den erhaltenen antiken Monumenten Roms.

Fast mehr Beachtung als das Grab des Petrus findet heute dessen Sitzstatue am nordöstlichen Vierungspfeiler. Sie stammt von Arnolfo di Cambio und wurde um 1300 gegossen. Das antikisierende Aussehen verdankt sie der Tatsache, dass vermutlich die Statue eines antiken Philosophen (aus dem 3. Jh.) als Vorbild diente. Diese steht heute am Ein- bzw. Ausgang der Vatikanischen Grotten und wurde, evtl. auch von di Cambio, erst nachträglich in eine Petrusstatue verwandelt. Die Bronze der neuen Statue stammt übrigens, einer (falschen, aber bezeichnenden) Legende zufolge von der Jupiterstatue im kapitolinischen Tempel. Schon im Spätmittelalter entstand der

San Pietro: Der Kathedra-Altar in der Westapsis

Brauch, den Fuß des Apostels zu berühren, was zu seiner fortschreitenden »Abnutzung« geführt hat.

Die westliche Apsis wird dominiert von einem Glasfenster, das eine Taube in einem Strahlenkranz zeigt. Erst bei näherem Hinsehen erkennt man, dass das Symbol des Heiligen Geistes hier über einem monumentalen Thron steht, und zwar über der »schwebenden«, scheinbar von himmlischen Kräften getragenen »Kathedra Petri«, die begleitet wird von vier Kirchenvätern und sozusagen den Hintergrund des Papstaltares bildet. Das Interesse am »Lehrstuhl« des Petrus ist alt. Für Antiochien berichtet ein frühchristlicher Text:

> *»Theophilus, welcher der höchste aller einflussreichen Leute in der Stadt war, weihte [...] die ungeheure Halle seines Hauses als Kirche. In ihr wurde vom ganzen Volk für den Apostel Petrus eine Kathedra errichtet, und die ganze Volksmenge kam täglich zusammen, um das Wort zu hören.«* (Recognitiones 10, 71, 2 f.)

In Rom ist ein eigenes Fest *Natale Petri de cathedra* ab Mitte des 4. Jh.s bezeugt. Seine Festlegung auf den 22. Februar hängt mit dem altrömischen Totengedenken (*caristia* – für die »liebe Verwandtschaft«) an diesem Tag zusammen, bei dem für die Verstorbenen ein eigener Sitz vorgesehen war. Die

Der Petersdom im Morgenlicht

feucht-fröhlichen Gedenkfeiern an den Gräbern sollten nun durch das neue Petrusfest abgelöst werden – *(dies) natalis* meint eigentlich den Geburtstag des Verstorbenen zum ewigen Leben. Durch den Bezug auf den Thron des Petrus verschob sich der Schwerpunkt des Festes aber im Laufe der Zeit auf die Berufung des Petrus zum Lehramt.

In der Catacomba Maggiore, dem antiken *Coemeterium Maius* an der Via Nomentana, sind noch mehrere solcher aus dem Tuffstein herausgehauenen »Throne« für Verstorbene erhalten, und im 6. Jh. beschreibt ein Pilger einen dieser Sitze als den »Thron, wo Petrus zuerst saß«. Im Mittelalter galt dieser Friedhof mit seinem Brunnen auch als (ein) Ort, an dem Petrus getauft hat. Gregor I. stellte dann eine Kathedra Petri in der Petersbasilika auf, die bis ins 13. Jh. verehrt wurde. Danach trat allmählich ein anderer Thron aus Holz und Elfenbein an dessen Stelle, der vermutlich im 9. Jh. als Krönungsstuhl Karls des Kahlen gedient hatte und der Peterskirche geschenkt worden war. Er befindet sich heute in dem von Bernini im 17. Jh. geschaffenen »Schrein«.

Bernini war es auch, der 1656–1667 die Gesamtanlage von St. Peter vollendete, indem er die Kolonnaden des Petersplatzes entwarf. Von dort, wo diese an den Petersdom anschließen, führt die *Scala Regia* (königliche Treppe) in den päpstlichen Audienzsaal, wo Fresken von Giorgio Vasari die Bartholomäusnacht verherrlichen, bei der Katharina von Medici 1572 in Paris zahllose Hugenotten töten ließ – die Bilder reklamieren die Urheberschaft dieser Tat für den Papst, der aus diesem Anlass ein Te Deum singen ließ! Ein Teil der Treppe ist von der Vorhalle der Peterskirche aus zu sehen – das natürliche Licht, das hier auf die Reiterstatue Konstantins fällt, macht dessen übernatürliche Lichtvision geradezu sinnlich greifbar.

Auf dem Petersplatz selbst fand 1586 auf Veranlassung von Papst Sixtus V. der Obelisk aus dem Zirkus des Nero, der noch aufrecht neben der Kirche stand, seinen neuen Platz und wurde mit einem Kreuz gekrönt. Der Text auf dem Sockel (Nordseite) preist u. a. die grandiose Ingenieurleistung von Domenico Fontana. Die Säulenreihen Berninis schlossen nun einerseits den eigentlichen Vorplatz der Kirche trapezförmig ein und »umarmen« andererseits den eigentlichen Petersplatz mit der *Pyramis Beati Petri* und den zwei Brunnen bei den Brennpunkten der Ellipse. Als Belag wurde hier erstmals das typisch römische Kopfsteinpflaster verwandt – und da die Steine bis heute *sampietrini* heißen, steht sozusagen jeder Besucher des Platzes auf Petrus, dem Fels.

San Pietro: Schlüsselübergabe an Petrus über dem Hauptportal

Exkurs: Das Petrusamt

Apostelgräber gibt es viele. Dass das Grab des Petrus so wichtig wurde, hängt damit zusammen, dass im Christentum den römischen Bischöfen, die sich als Inhaber des »Petrusamtes« verstehen, eine besondere Stellung zugewachsen ist. Biblischer Ansatzpunkt ist die Vorrangstellung des Petrus als Erstberufener und Erstzeuge der Auferstehung (vgl. Mt 4, 18; 1 Kor 15, 5) und dann vor allem das Wort Jesu an Simon:

> *»Du bist Petrus (griech.: der Fels), und auf diesen Felsen werde ich meine Kirche bauen, und die Mächte der Unterwelt werden sie nicht überwältigen. Ich werde dir die Schlüssel des Himmelreiches geben […].«* (Mt 16, 18 f.)

Hinzu kommt der Auftrag an Simon: »*Weide meine Schafe*« (Joh 21, 17). Beide Verse finden sich in monumentaler Form in St. Peter: Der erste steht in lateinischer Sprache unterhalb der Kuppel, der zweite in griechischer Sprache im Chor.

Entscheidend aber für das Verständnis der Päpste ist die (nicht aus der Bibel selbst abzuleitende) Überzeugung, dass diese Verheißung und dieser Auftrag auch für sie gelten – und dass sich aus diesen Jesusworten ein Führungsanspruch ergibt. Dieser äußert sich erstmals bei den Bischöfen des 3. Jh.s Die frühe Kirche gesteht dem Bischof von Rom als »Patriarch des Westens« einen Ehrenvorrang (Primat) zu, doch dieser fordert schließlich einen »Jurisdiktionsprimat«, d. h. die juristische Oberhoheit über alle anderen Kirchen und jeden einzelnen Christen. Der Anspruch gipfelt in der Bulle *Unam Sanctam* von Bonifaz VIII. (1294–1303), die behauptet, es sei für jeden Menschen heilsnotwendig, dem römischen Papst untertan zu sein. Das 1. Vatikanische Konzil formulierte dann 1870 in der Enzyklika »Pastor Aeternus«:

Der »Nachfolger Petri« vor dessen Statue auf dem Petersplatz

> »*Wenn der Römische Papst in höchster Lehrgewalt (ex cathedra) spricht, das heißt: wenn er […] endgültig entscheidet, eine Lehre über Glauben oder Sitten sei von der ganzen Kirche festzuhalten, so besitzt er aufgrund des göttlichen Beistandes, der ihm im heiligen Petrus verheißen ist, jene Unfehlbarkeit, mit der der göttliche Erlöser seine Kirche […] ausgerüstet haben wollte.*«

Vorher wurde jedoch auch klargestellt, dass der Geist den Aposteln nicht verliehen wurde, »*damit sie durch seine Offenbarung eine neue Lehre ans Licht brächten*«; vielmehr sollen sie die überlieferte Offenbarung bzw. Hinterlassenschaft des Glaubens lediglich bewahren und auslegen.

Diesen Anspruch weisen sowohl die orthodoxen und altkatholischen Christen als auch die Kirchen der Reformation zurück. Für sie bezieht sich die Verheißung an den Felsen, auf dem die Kirche errichtet ist, nicht auf eine Person, sondern auf den Glauben des Petrus. Und die Schlüsselgewalt hat er stellvertretend für alle Apostel und Christen erhalten. Folgerichtig trägt z. B. auf dem Reformationsaltar in Wittenberg – manchmal missverständlich als

»Rom der Protestanten« bezeichnet – Johannes Bugenhagen bei der Darstellung der Beichte die Schlüssel, die die katholische Bildtradition für Petrus reserviert. Außerdem verweisen sie auf die Tatsache, dass die Bibel von der Einsetzung eines Petrus-Nachfolgers nichts weiß – erst Irenäus von Lyon bietet um 200 n. Chr. eine Liste von römischen Bischöfen, die bis Petrus zurückreicht. Und schließlich belegt die Geschichte, dass Päpste auch bezüglich entscheidender Lehren irren können: Papst Honorius (625–638) vertrat im Streit um den menschlichen Willen Christi eine Position, die auf dem 6. Ökumenischen Konzil in Konstantinopel 680–681 als irrgläubig verworfen wurde. Biblisch gesehen sind ohnehin alle Christen Nachfolger des Petrus, den die Schrift als »Urbild« des gerechtfertigten Sünders zeichnet.

In jüngster Zeit sehen auch die Päpste die Schwierigkeit, die ihr Verständnis des Amtes für die Einigung der Kirchen bedeutet. Und viele katholische Theologen meinen, dass die Angehörigen anderer Konfessionen dem Papst jedenfalls nicht mehr Rechte zugestehen müssen, als es im 1. Jt. üblich war. Manche protestantische Theologen können sich den Bischof von Rom als »Sprecher der Christenheit« vorstellen, der den Auftrag Jesu an Simon ausführen soll: *»Wenn du dich wieder bekehrt hast, dann stärke deine Brüder«* (Lk 22,32). Und von Papst Franziskus stammt das Wort: »Wir beginnen jetzt den Weg der Kirche von Rom, die den Vorsitz in der Liebe hat« – so ähnlich hatte bereits Ignatius von Antiochien den Vorrang der römischen Kirche definiert bzw. begründet.

Exkurs: Vom Petrusgrab zum Vatikanstaat

Der Papst versteht sich nicht nur als Inhaber des Petrusamtes, sondern ist auch Staatsoberhaupt des Vatikanstaates, dessen Zentrum St. Peter ist. Wie aber wurde aus dem Nachfolger eines hingerichteten Jüngers Jesu ein absolut regierender Monarch?

Nach Verlegung der kaiserlichen Residenz und Erlöschen des westlichen Kaisertums im 4. und 5. Jh. hatte de facto der Bischof nach und nach Teile der Regierungsaufgaben in Rom übernommen, u. a. die kostenlose Versorgung der Stadt mit Brot durch die vormals kaiserliche Institution der »Annona« (lat. für Nahrungsmittel). Nach und nach wurden dem Bischof auch Ländereien in der Umgebung übereignet. So entstand ein Gebiet, für das sich der Name *Patrimonium Petri* einbürgerte. Nachdem die nominelle Oberhoheit der Ostgoten und der Byzantiner im 8. Jh. zu Ende ging, bedeutete die Anlehnung an die

Blick auf die Vatikanischen Gärten von der Kuppel des Petersdomes

fernen Frankenherrscher eine noch größere Autonomie des Papstes in diesem Gebiet. Und im Rahmen der »Pippinschen Schenkung« wurde ihm 754 vom fränkischen König die Herrschaft über weitere Teile Mittel- und Norditaliens übertragen. Die sogenannte Konstantinische Schenkung, eine Fälschung aus karolingischer Zeit, ging noch weiter und behauptete, der Kaiser habe bei seinem Weggang nach Konstantinopel dem Bischof von Rom den gesamten Westteil des Reiches übergeben.

Die Flagge des Kirchenstaates

Zwar musste der Papst seine Herrschaft in der Stadt und im »Kirchenstaat« gegen heftigen Widerstand der Kommune und des Adels durchsetzen, doch spätestens Ende des 16. Jh.s war er unangefochten auch weltlicher Herrscher dieses Gebietes, das somit auch Teil des Konzertes der Mächte im damaligen Italien und Europa wurde. Dieser Kirchenstaat wurde – nach turbulenten Jahrzehnten, in denen sein Ende bereits gekommen schien – 1870 im Zuge des »Risorgimento« von italienischen Truppen erobert. Bis 1929 betrachtete sich der Papst als »Gefangener im Vatikan«, bis die sogenannten Lateranverträge den völkerrechtlichen Status des neuen »Vatikanstaates« festlegten. Es handelt sich um den kleinsten Staat der Welt, dessen Gebiet aus der Region um St. Peter und mehreren exterritorialen Besitzungen besteht, vor allem den Patriarchalbasiliken S. Giovanni in Laterano, S. Paolo fuori le mura, S. Maria Maggiore und S. Lorenzo sowie einigen römischen Palästen und der Sommerresidenz Castel Gandolfo. In diesem Staat, einer absoluten (Wahl-)Monarchie, werden die weltlichen Regierungsgeschäfte von einem Präsidenten des Governatorates ausgeübt.

Äußeres Zeichen der Aussöhnung zwischen Papst und italienischen Staat, die möglich wurde durch eine Besinnung des Papsttums auf seine in erster Linie geistliche Aufgabe, ist die Via della Conciliazione, die »Straße der Versöhnung«. Sie entstand nach 1929 an Stelle des abgerissenen Borgo im Stil der Zeit und führt seitdem vom Tiber direkt auf St. Peter zu. Der Besucher betritt den Vatikanstaat bei den Kolonnaden des Petersplatzes. Die inneren Bereiche werden von den Soldaten der Schweizer Garde bewacht; im Rahmen von organisierten Touren sind aber auch Besuche der weitläufigen Gärten möglich, an deren Rand sich Institutionen wie das Gästehaus S. Marta, Radio Vatikan, der Bahnhof und ein Hubschrauberlandeplatz befinden. Auch einen Lebensmittelladen besitzt der Vatikan, in dem Mitarbeiter zu vergünstigten Preisen einkaufen können. Sogar dessen Name, Annona, zeigt die Anknüpfung an die alte Tradition der römischen Herrscher.

Das Länderkürzel auf den Fahrzeugen des Vatikan lautet übrigens SCV – Stato della Città del Vaticano. Von Spöttern wird es jedoch auch gern als Abkürzung von »Si Cristo videsse« gelesen – »Wenn Christus das gesehen hätte«.

Frühchristliche Grabplatte (Vatikanische Museen)

Frühchristlicher Sarkophag mit Darstellung der Jona-Erzählung (Vatikanische Museen)

Exkurs: Die Vatikanischen Museen und die Vatikanische Bibliothek

»Guter Hirt« auf einem Sarkophag (Vatikanische Museen)

Nach der Rückkehr der Päpste aus Avignon im 14. Jh. wird der Palast bei der Vatikanischen Basilika zu ihrer Residenz. Nikolaus V. erbaut Mitte des 15. Jh.s die Anlage rund um den heutigen Papageienhof; daran schließt sich ein befestigter Komplex an, dessen Räume nach Alexander VI. Borgia benannt sind. Im Laufe des 16. Jh.s entstehen Richtung Norden und Osten immer weitere Trakte, u. a. die berühmten Stanzen mit Fresken von Raffael (s. u. S. 136 f.). In den Gebäudeteilen wurden auch die immer größer werdenden päpstlichen Kunstsammlungen ausgestellt.

Gesammelt wurden von den Päpsten der Renaissance u. a. wiederentdeckte antike Kunstwerke. Ab 1506 erwarb man für den Belvedere-Palast die bedeutendsten Statuen, darunter die gerade ausgegrabene Laokoon-Gruppe und die nach dem Aufstellungsort benannte Statue des Apoll und einen Torso. Der Belvedere-Hof bildet noch heute einen zentralen Teil des von Clemens XIV. (1767–1774) für diese Sammlungen angelegten Museo Pio Clementino. Hinzu kam die jeweils »moderne« Kunst – zahlreiche Darstellungen mit biblischen und christlichen Themen finden sich heute in der Pinakothek und im Museum für zeitgenössische Kunst. Laut Benedikt XIV. (1740–1758) sollen

Sarkophag der Helena (Vatikanische Museen)

die Sammlungen dazu dienen, »den Glanz der Stadt zu mehren und die Wahrheit der Religion zu bezeugen«.

Für die Rezeption der Bibel und die Frühzeit des Christentums besonders interessant ist das Museo Pio Cristiano, dessen Anfänge ebenfalls auf das 18. Jh. zurückgehen. Dort werden u. a. zahlreiche frühchristliche Sarkophage aus den Katakomben präsentiert, an denen sich die Glaubensvorstellungen der ersten Christen ablesen lassen. Bei den aus Rom stammenden Sarkophagen werden auch Petrus und Paulus immer wieder dargestellt. Allerdings zeigen die Szenen sie meist als Begleiter Jesu, selten ihre Gefangenschaft und nie das eigentliche Martyrium. Das entspricht der Auslassung von Kreuzigung und Auferstehung Jesu, auch wenn diese den eigentlichen Grund der Auferstehungshoffnung der Verstorbenen darstellen: Das Kreuz erscheint allenfalls als Symbol und Siegeszeichen, nicht als Instrument der Hinrichtung.

Dafür tauchen verschiedene neutestamentliche Szenen immer wieder auf, vor allem die Auferweckung des Lazarus (wobei das Grab häufig römischen Mausoleen ähnelt). Noch häufiger sind jedoch alttestamentliche Szenen, die von Rettung aus Tod und Todesgefahr erzählen, wie Noah in der Arche, die Opferung Isaaks, Daniel in der Löwengrube, die drei Jünglinge im Feuerofen oder (am häufigsten) die Rettung des Jona. Insbesondere die letztgenannte Szene zeigt aber auch, wie die frühchristliche Kunst zunächst auf nichtchristliche Vorbilder zurückgriff: Häufig wird Jona als (nackter!) Jüngling unter dem Rizinusstrauch dargestellt (vgl. Jon 4, 6). Für diese Szene, die in der Bibel nur untergeordnete Bedeutung hat, gab es das pagane Vorbild der »Ruhe des Endymion«. Ähnliches gilt für die »typisch christliche« Darstellung des guten Hirten: Als »Schafträger« (*kriophoros*) wurde im nichtchristlichen Bereich die *philanthropia* (»Menschenfreundlichkeit«) dargestellt. Somit ist bei entsprechenden Darstellungen nicht immer klar, ob wirklich der gute Hirte Jesus (vgl. Joh 10, 1 – 19) gemeint ist. Und auch die Darstellung von Betenden mit erhobenen Armen (Orante) ist nicht spezifisch christlich – dies war die allgemein übliche Gebetshaltung: Sie stellt die typisch römische *pietas* dar, die Vermittlerin zwischen Göttern und Menschen, die eine harmonische Weltordnung gewährleistet.

Eingang zur Vatikanischen Bibliothek

Ein Zeichen besonderer Verbundenheit eines Reisenden mit dem Land der Bibel ist ein Reliquienkästchen aus dem 5./6. Jh., das aus dem Altarschrein der Kapelle Sancta Sanctorum stammt (s. o. S. 10) und an anderer Stelle des Museums gezeigt wird: Dort sind Steine von verschiedenen heiligen Stätten gesammelt – und die Innenseite des Deckels zeigt Szenen des Lebens Jesu an diesen Orten: Geburt, Taufe, Kreuzigung, Frauen am Grab und Himmelfahrt, wobei das Bild des Grabes Jesu eine der frühesten Darstellungen der konstantinischen Anlage in Jerusalem ist.

Ebenfalls im Bereich der Museen liegen die ursprünglichen Räume der Vatikanischen Bibliothek. Erste bischöfliche Sammlungen von Bibelhandschriften und Büchern gab es ab dem 4. Jh., doch geht der Grundstock der heutigen Bibliothek auf die Zeit der Renaissance zurück. In dieser Zeit (vor 1475) gelangte auch die neben dem Codex Sinaiticus berühmteste und wichtigste Bibelhandschrift, der Codex Vaticanus, in die Bibliothek. Er stammt aus dem 4. Jh., wurde vermutlich in Ägypten oder Cäsarea geschrieben und enthält fast den gesamten Text der Septuaginta, der griechischen Bibel. Ab dem 17. Jh. wurden archivarische Dokumente aus der Bibliothek ausgelagert – das Vatikanische (Geheim-)Archiv entstand (wo jedoch nicht – wie Bestseller immer wieder behaupten – die Wahrheit über »Jesus und die Urchristen« unter Verschluss gehalten wird).

Für die Geschichte der Bibel und der Bibelauslegung in den westlichen Kirchen ist Rom insofern von Bedeutung, als Hieronymus, Sekretär des römischen Papstes Damasus, von diesem den Auftrag zu einer lateinischen Neuübersetzung der Bibel erhielt. Diese erstellte er nach seiner Übersiedlung nach Betlehem im Jahr 386 erstmals nach dem hebräischen (Ur-)Text und nicht nach der griechischen Übersetzung der Septuaginta.

III. Das Rom des frühen Christentums

Traditionelles Opfer (Kapitolinische Museen)

Die Christianisierung Roms – und die Romanisierung des Christentums

Wie die Anfänge des Christentums in Rom liegt auch der Übergang zum »nachapostolischen« Zeitalter in der Stadt weitgehend im Dunkel. Die Bischofsliste des Irenäus nennt als Nachfolger des Petrus Linus und (Ana) Cletus. Weil als glaubwürdig betrachtete Überlieferungen aber auch davon sprachen, dass Petrus den Clemens als Bischof eingesetzt habe (den manche für den Paulusmitarbeiter aus Phil 4,3 halten, andere für ein Mitglied des Hauses von T. Flavius Clemens, dem o. g. Vetter des Domitian), wurden Linus und Cletus als »Hilfsbischöfe« angesehen. Tatsächlich gab es aber noch lange eine kollegiale Leitung der römischen Kirche; der monarchische Episkopat setzte sich dort erst Mitte des 2. Jh.s durch. Clemens war dann eventuell der für »auswärtige Angelegenheiten« zuständige Presbyter. In seinem Brief geht es sehr deutlich um Ordnung, Zucht und Gehorsam, so dass manche Interpreten zu dem Schluss kommen, dass »die Gemeinde bereits die Charakterzüge der Roma in sich aufgenommen« hat (A. v. Harnack).

Die Organisation in Form von Teilgemeinden begünstigte es auch, dass Vertreter unterschiedlicher christlicher Lehren in Rom Fuß fassen und Anhänger gewinnen konnten. So kam um 140 der Reeder Markion von Sinope nach Rom. Aufgrund seiner Auffassung, dass der Gott des Alten Testaments nicht der des Neuen ist, schuf er eine christliche Bibel, zu der nur das Lukasevangelium und die Paulusbriefe gehörten. Umgekehrt trug dies dazu bei, dass seine Gegner die »Kanonisierung« derjenigen heiligen Schriften vorantrieben, die bis heute zur Bibel gehören. Markion hatte übrigens als »Eintrittsgebühr« der Gemeinde die gewaltige Summe von 200.000 Sesterzen gespendet; als er ausgeschlossen wurde, konnte das Geld ohne Probleme zurückgezahlt werden, was für erhebliche Finanzmittel der Gemeinde bereits in dieser Zeit spricht.

Diese Gelder wurden u. a. für eine klar strukturierte Sozialfürsorge verwendet: Die Stadt wurde in sieben Bezirke unterteilt; in jedem war ein Diakon für die Versorgung der Bedürftigen zuständig. Mitte des 3. Jh.s betreute die Gemeinde bereits 1.500 Witwen und andere Bedürftige. Nach und nach entstanden 25 »Titelkirchen« – benannt nach dem Stifter und dessen Titulus, dem »Namensschild« über der Tür –, die von Presbytern betreut wurden. Viele von ihnen lagen in den Randgebieten Trastevere und Aventin. Einige dieser Presbyter wurden später Gehilfen des Bischofs mit dem Titel Kardinal, weswegen jedem Kardinal bis heute jeweils eine Titelkirche in Rom zugewiesen wird.

Außerdem erwarb die Gemeinde Friedhöfe und kümmerte sich um die Bestattung ihrer Mitglieder (s. u.). Diese soziale Tätigkeit wurde auch von außen wahrgenommen. Tertullian (gest. nach 220) zitiert den Ausruf von Nichtchristen: »*Seht, wie sie einander lieben*« (Apologeticum 39), auch wenn das vermutlich eher spöttisch gemeint war: »Seht, wie die Bande zusammenhält!« Denn oft galten die Christen als Sonderlinge, waren verachtet, wenn nicht verhasst, und konnten als Sündenböcke dienen: »*Wenn der Tiber die Stadt überschwemmt, wenn der Nil die Felder nicht überschwemmt, [...] schreit man sofort: ›Die Christen vor den Löwen!‹*« (ebd. 40, 2).

So kam es sporadisch immer wieder zu Verfolgungen der Christen als Staatsfeinde, die sich weigerten, durch Opfer für die Götter zum »Heil des Staates«, zum öffentlichen Wohl beizutragen. In einzelnen Fällen – z. B. wenn die Beschuldigten das römische Bürgerrecht besaßen – wurden auch Verurteilte aus anderen Teilen des Reiches nach Rom geschickt, um dort verurteilt bzw. hingerichtet zu werden. Berühmtestes Beispiel ist der Bischof Ignatius von Antiochien (gest. vor 117), der in seinem Römerbrief, den er als Gefangener in Smyrna verfasst hat, die Gemeinde bittet, nichts zu seinen Gunsten zu unternehmen: Er will von den Zähnen der Löwen zermahlen werden, um »zum reinen Brot zu werden«. Kaiser Marc Aurel kritisiert voller Unverständnis die »starrsinnige Todesbereitschaft« der Christen (vgl. Selbstbetrachtungen 11, 3).

Vorwürfe und Vorurteile gegen die Christen werden sichtbar in den Apologien (Verteidigungsschriften), die von gebildeten Christen nominell an die Kaiser gerichtet wurden: Es wird erzählt, sie äßen Menschenfleisch und praktizierten »freie Liebe« unter den Schwestern und Brüdern. Man wirft ihnen außerdem vor und versteht nicht, dass sie die alten Bräuche (*mos maiorum*) missachten und eine neue, ausschließliche und schon wegen ihrer Neuheit minderwertige Religion einführen. Und weil sie sich an keinem Opferkult beteiligen, werden sie als Atheisten angesehen. Christen wie Justin (gest. um 165), der in Rom in der Mitte des 2. Jh.s als christlicher Philosoph auftritt, stehen zu dieser Form von Atheismus, betonen aber, dass das Gebet der Christen für den Kaiser hilfreicher ist als alle Opfer (vgl. z. B. Apologie I 12, 1–8; 17). Der Jurist Minucius Felix kritisiert Rom gerade aufgrund dieser alten Überlieferungen und verweist darauf, dass Roms Geschichte von Anfang an eine von Vogelfreien und Räubern ist (vgl. Octavius 25, 1–7). Andererseits sieht man die Gleichzeitigkeit von augusteischem Friedensreich und Geburt Christi als Teil des göttlichen Heilsplans und betet für die Weltherrschaft Roms (vgl. z. B. Athenagoras, Supplicatio 37). Biblischer Ansatzpunkt konnte die Rede von ei-

Statue des Hippolyt mit Verzeichnis seiner Schriften auf den Seitenwänden des Throns (Vatikanische Museen)

ner Macht sein, die das Kommen des Antichrist zurückhält (vgl. 2 Thess 2, 6 f.).

So gab es neben Konflikten auch eine weitere Annäherung von Rom und Christentum. Zeichen dafür ist z. B. Beispiel ein fiktiver Briefwechsel aus dem 3. Jh. zwischen Paulus und Seneca, dem Bruder des in Apg 18, 12–17 erwähnten Statthalters Gallio, in dem der stoische Philosoph die Briefe des Apostels lobt und sich betrübt über die Verurteilung von Christen zeigt, die man dennoch mit Gleichmut ertragen solle. Tatsächlich ist die Ethik der Stoa, die mit Kaiser Marc Aurel sogar einen Kaiser als bedeutenden Vertreter aufweisen kann, in vielem der des Christentums nicht unähnlich. Nur um eines bittet Seneca den Paulus: »*Möchtest du mir wenigstens das Zugeständnis machen, dass du auf die Latinität achtest und für schöne Worte auch die (entsprechende) äußere Form anwendest.*« Von Kaiser Severus Alexander (222–235) heißt es sogar, er habe einen Christustempel auf dem Kapitol geplant (Historia Augusta 43, 5–7) – und so versucht, auch den christlichen Kult zu integrieren. Überhaupt scheinen die aus Syrien stammenden Kaiser der severischen Dynastie, einschließlich der Kaiserinmutter Julia Mamaea, und Philippus Arabs (244–249) gewisse Sympathien für das Christentum gehegt zu haben. Kurz zuvor hatte Tertullian behauptet, schon Pontius Pilatus habe in Rom bei Tiberius über Jesus Bericht erstattet, aber der Senat habe seinen Antrag, ihn als Gott zu verehren, abgelehnt (Apologeticum 5).

In der größer werdenden Gemeinde kam es aber auch zu Spannungen und Spaltungen: Als der ehemalige Sklave Calixtus (217–222) zum Bischof gewählt wurde, beschuldigte ihn der Presbyter Hippolytus finanzieller Unregelmäßigkeiten und einer zu laxen Haltung gegenüber den sogenannten *lapsi*, die in der Verfolgung schwach geworden und vom Glauben abgefallen waren, und gegenüber Frauen, die keinen standesgemäßen Ehemann fanden, deshalb im Konkubinat lebten und Empfängnisverhütung praktizierten. Vermutlich war Hippolytus in den Jahren 217–235 der erste »Gegenpapst«. In einer Schrift wie dem »Hirt des Hermas« findet sich auch Kritik am Dünkel hochgestellter Frauen gegenüber den einfachen Gemeindemitgliedern. Dabei ist die Rolle der Frauen für die Ausbreitung des Christentums gerade in Rom nicht hoch genug einzuschätzen: Vielfach waren es Ehefrauen, die sich zuerst zur neuen Religion bekehrten und dann die nächste Generation christlich erzogen.

Unter den Kaisern Decius (249–251) und Diokletian (284–305), der das Reich mit Hilfe der Verpflichtung aller auf den alten Glauben zusammenhalten wollte, wurde endgültig die Unvereinbarkeit des christlichen Anspruchs mit der römischen Konzeption von Religion deutlich, und so kam es noch einmal zu zahlreichen Martyrien. Dann aber konnte nach der Vereinbarung von Mailand im Jahr 313 langsam eine echte Symbiose von römischen und christlichen Formen und Werten entstehen. Nun sollte das Christentum die Einheit gewährleisten. Dabei wurde das alte römische Religionsverständnis, wie es der Polyhistor Marcus Terentius Varro (116–27 v. Chr.) formuliert hatte, abgelehnt. Dieses trennte zwischen *theologia civilis* (Riten und Opfer, die für das Heil des Staates notwendig sind, aber keinen »Glauben« verlangen), *theologia mythica* (den Überlieferungen über die Götter) und *theologia naturalis* (dem philosophischen Nachdenken über Gott). Demgegenüber stellte Augustinus (gest. 430) die Einheit von Lehre und Kult im Christentum heraus.

Andererseits übernahmen die Christen des Westens zunehmend römische Elemente in ihre Gestalt des Christentums. Schon im 3. Jh. waren sie in Gottesdienst und Literatur zur lateinischen Sprache übergegangen. Nach und nach setzte sich untergründig die Tendenz der altrömischen Religion zur straffen Organisation, zur Verrechtlichung und zur Ritualisierung durch. Der römische Pragmatismus drängte metaphysische Fragen häufig in den Hintergrund, und der mit dem Christentum verbundene »Ethisierungsschub« wurde bis zu einem gewissen Grade zurückgenommen. Auch das römische Kirchenbild ist möglicherweise zum Teil ein Erbstück römischen Denkens und der »Vergöttlichung« des Imperiums.

Mit Damasus (366–384) wurde erstmals ein »bekennender Römer« Bischof; für ihn waren Petrus und Paulus durch ihren Tod in Rom zu römischen Bürgern geworden. Und Bischof Leo I. (440–461) nannte sich nicht nur – in Anknüpfung an den Titel des Patriarchen von Alexandrien – *papa* (Papst), sondern auch *Pontifex Maximus*. Diesen uralten Titel (wörtlich: Größter Brückenbauer) hatte seit Augustus der Kaiser als oberster Priester getragen. Leo setzte auch ausdrücklich Petrus und Paulus an die Stelle von Romulus und Remus:

»Das sind die Männer, die dir, Rom, das Licht des Evangeliums gebracht haben: Das sind deine wahren Hirten, die weit bessere und segensreichere Gründer waren als jene, durch die der erste Stein zu deinen Mauern gelegt wurde«. Weiter heißt es bei ihm: »Furchtlos wandertest du, Petrus, nach dieser Stadt (Rom). Und während Paulus noch mit der Gründung anderer Kirchen beschäftigt ist, betrittst du die Brutstätte wütender Bestien und wagst dich auf dieses tiefe, stürmische Meer, von größerem Mut beseelt als damals, als du auf den Wogen des Sees dahingingst.« (Vgl. Mt 14, 28 ff.) »Du fürchtest jetzt nicht einmal Rom, die Gebieterin der Welt, obgleich du im Haus des Kaiphas vor einer Magd des Hohenpriesters gezittert hast.« (Vgl. Mt 26, 69 ff.; Predigt 82, 1.4)

So erneuern (ausgerechnet) die Christen die »Romidee«, deren »Reich ohne Ende« doch eigentlich »nicht von dieser Welt« war. Der Dichter Prudentius knüpft um 400 in einem Gedicht sogar an Vergil an:

»Schon empfängt dich, Christus, eine Menschheit, die Frieden und Rom mit einigendem Band umschlingen. Diese beiden sind nach deinem Willen das Oberste und Höchste auf der Welt: Ohne Frieden findet auch Rom bei dir keinen Beifall, und dass der Friede dir gefällt, bewirkt erst die Vortrefflichkeit der Stadt, die Aufruhr durch Weisung eindämmt und zugleich durch Schrecken unterdrückt.« (Gegen Symmachus 2, 639)

Und von der römischen Dichterin Faltonia Beltitia Proba (ca. 320–370) stammt ein Vergil-Cento, ein »Flickengedicht«, in dem Verse der Aeneis auf solche Weise neu zusammengesetzt werden, dass sie plötzlich von Schöpfung und Erlösung durch den christlichen Gott sprechen. Jetzt ist Rom nicht mehr ein neues Babylon, sondern kann sogar als neues Jerusalem angesehen werden.

Dass das Christentum dennoch nicht mit dem Römischen Reich untergeht bzw. die Rom-Idee noch einmal verwandelt wird, verdankt es zum einen Augustinus, der die Vorstellung vom »Reich« in Richtung »Gottesstaat« transzendiert (s. o. S. 20) und zu den Autoren gehört, die Ende des 4. Jh.s Paulus wiederentdecken – und zum anderen der Tatsache, dass die neue Religion auch außerhalb des ehemaligen Reiches Fuß fasst. Papst Gregor I. (590–604) empfiehlt den Missionaren aus seinem Kloster auf dem Caelius, die er nach England schickt, ausdrücklich, die heidnischen Tempel nicht zu zerstören, sondern in Kirchen umzuwandeln und auch die alten Feste umzu-

Darstellung einer Orante in einem Haus unter der Kirche SS. Giovanni e Paolo

Sogenanntes Spottkruzifix vom Palatin

deuten und umzuwandeln (Brief an Abt Mellitus). Dies ist exakt das Programm, nach dem man nun auch in Rom verfährt: Kurz nach seinem Tod wird aus dem Pantheon, dem Heiligtum aller Götter, eine Kirche zu Ehren aller Märtyrer – 28 Wagenladungen von Gebeinen, heißt es, werden aus den Katakomben hierher überführt. Gregor ist der letzte Papst der Antike und – gerade mit seiner Frömmigkeit, in der Wunder und Geister eine wesentliche Rolle spielen – der erste des Mittelalters. Später erzählte man sogar (fälschlich), Gregor habe die Bücher der antiken Bibliotheken vernichtet, weil die Bibel das einzig notwendige Buch sei.

Die Entwicklung des frühen Christentums zu einer etablierten Religion spiegelt sich in Kunst und Architektur. Aus der vorkonstantinischen Zeit sind in Rom allerdings keine christlichen Versammlungsräume sicher zu identifizieren. Die damaligen Hauskirchen oder angemieteten Räume (vgl. Röm 16, 5.14 f.) dürften wie die jüdischen Versammlungsräume in unterschiedlichen Stadtvierteln gelegen haben. Einige Titelkirchen halten durch ihre Namen die Erinnerung an die Hausherren solcher »Kirchen« der ersten Jahrhunderte wach. Manchmal aber (ver-)führt die (fälschliche) Identifizierung von späteren Namensgebern mit biblischen oder frühchristlichen Personen zur Frühdatierung von Bauten, die einer wissenschaftlichen Überprüfung nicht standhält – so z. B. bei der Kirche S. Prisca, die frühestens aus dem 4. Jh. stammt, wo eine Priscilla aus dem Geschlecht der Acilii mit der biblischen Priska, der Frau des Aquila, und mit einer angeblich von Petrus getauften Märtyrerin Prisca verwechselt wird. Auch eine Identifizierung, die von scheinbar christlichen Bildern ausgeht, führt zuweilen zu Fehlschlüssen: So wurde ein Saal der »römischen Häuser« unter der Kirche SS. Giovanni e Paolo wegen der dort gefundenen Darstellung einer Orante

Konstantinsbogen

(dazu s. o. S. 79) lange fälschlich für einen urchristlichen Versammlungsraum gehalten. Am ehesten können die Räumlichkeiten unter S. Clemente (s. u. S. 123) und der zweischiffige Raum, der unter der Kirche SS. Silvestro e Martino ai Monti gefunden wurde, tatsächlich als Hauskirche gedient haben.

Gut erhalten sind dagegen zahlreiche Grabstätten der frühen Christen, vor allem in den sogenannten Katakomben (s. u.). Die Ausschmückung der Gräber erlaubt es, der christlichen Kunst beim Entstehen zuzuschauen, wobei auch hier gilt, dass sich diese erst langsam aus der Symbiose mit der allgemein-römischen Kunst entwickelt. Deshalb ist es nicht immer eindeutig, ob es sich (bereits) um christliche Gräber handelt.

Eines der eindrucksvollsten Zeugnisse aus der Frühzeit (um 200 ?) ist das sogenannte Spottkreuz vom Palatin (heute im Antiquarium auf dem Palatin bzw. in den Kapitolinischen Museen zu sehen): Eine unbeholfene Ritzzeichnung im Putz des sogenannten Paedagogiums stellt einen gekreuzigten Esel dar, der von einer Gestalt mit erhobenem Arm verehrt wird. Die Beischrift lautet: »*Alexamenos betet seinen Gott an.*« Dass der »Gott« Jesus als Esel dargestellt wird, hängt mit dem eigentlich antisemitischen Vorwurf zusammen, die Juden beteten in ihrem Heiligtum das Tier an, das ihnen in der Wüste den Weg zum

Wasser gezeigt habe. Die Vorstellung stammt aus Ägypten, wo in der Spätzeit Seth, der Gott der Wüste, oft mit Eselskopf dargestellt wurde (vgl. auch Tacitus, Historien 4, 2). Die Zeichnung ist aber auch ein Beleg, dass die Verehrung eines Gekreuzigten für Heiden wirklich »eine Torheit« (vgl 1 Kor 1, 18) war und dass die Christen von außen lange als jüdische Sekte wahrgenommen wurden.

Monumentale Zeugnisse der »konstantinischen Wende« sind in gewisser Weise die Milvische Brücke (auch wenn die heutige Brücke aus späterer Zeit stammt) und der Konstantinsbogen aus dem Jahre 315. Die Reliefs des Triumphbogens stammen allerdings zum großen Teil von älteren Bauten; nur das schmale Band direkt über den kleinen Bögen stellt die Schlacht an der Milvischen Brücke, den Triumphzug und die Rede Konstantins auf dem Forum dar. Dabei taucht die später so oft dargestellte Vision Konstantins, bei der ihm am Himmel ein Lichtkreuz erscheint, das er in Form einer Lanze mit Querstange bei der siegreichen Schlacht mitführen ließ, noch nicht auf. Dennoch identifizierte Konstantin seitdem den Gott der Christen mit seinem Schutzgott und förderte die neue Religion.

Rom wird in der Folgezeit von deren Großbauten geprägt. Die ersten werden vom Kaiser gestiftet: Er sieht sich weiterhin in Verantwortung für die Herstellung der *salus publica* und erbaut deshalb Kirchen an Stelle von Tempeln. Diese folgen architektonisch nicht dem Schema der alten Heiligtümer, sondern übernehmen als Grundform die säkulare Basilika, die vor allem als Versammlungs- und Gerichtsaula genutzt wurde. An die Stelle des Throns für Richter oder Kaiser in der Apsis tritt nun der des Bischofs. Bei entsprechender Größe entfalten Basiliken eine monumentale Wirkung, doch konzentriert sich die Pracht der Ausstattung auf das Innere, wo sich (im Unterschied zum paganen Kult) die Gläubigen versammeln. Manche sehen darin eine Entsprechung zur geistigen »Verinnerlichung« des Christentums. Zentraler Ort, wo sich der neue Inhalt der christlichen Religion »zeigt«, sind die Mosaiken, vor allem am Triumphbogen (!) und in der Apsis, die sich Richtung Himmel wölbt: Dort, wo Senkrechte und Horizontale aufeinandertreffen, werden nun Christus und die Heiligen sichtbar, die Himmel und Erde verbinden. Dabei wird Christus zunehmend dargestellt wie der Kaiser. Aus dem jüdischen Messias, der auf den frühen Sarkophagen zunächst als Wundertäter, Philosoph und Gesetzgeber dargestellt wurde, wird – parallel zur dogmatischen Entwicklung – ein überweltlicher Herrscher, der jedoch gleichzeitig das Bild des irdischen Herrschers verändert.

Einige dieser neuen Bauten werden – zusammen mit den wichtigsten Katakomben – im Folgenden vorgestellt.

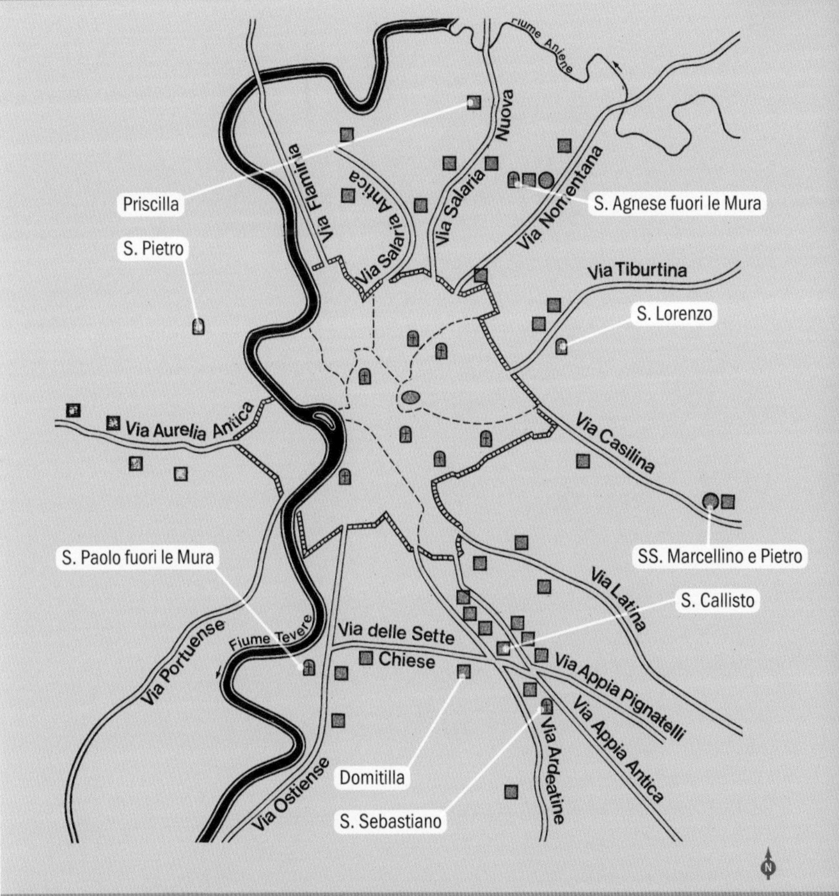

Plan des antiken Rom mit Ausfallstraßen und den wichtigsten Katakomben

Orte des frühen Christentums

Katakomben und Märtyrergräber

Wie die Grabstätten der Apostel gezeigt haben, lagen die altrömischen Friedhöfe immer außerhalb der Stadt, vornehmlich an den großen Ausfallstraßen. Die vom 1.–4. Jh. benutzten unterirdischen Friedhöfe von Heiden, Juden und Christen, die Katakomben, wurden in der Vergangenheit vielfach als Verstecke der ersten Christen in Verfolgungszeiten angesehen. Doch waren diese

Orte allen Einwohnern und auch den Behörden bekannt. Da jedoch die frühen Hauskirchen nicht erhalten sind, stellen sie die ältesten sichtbaren Zeugnisse christlichen Lebens in Rom dar.

Zunächst begruben die Christen ihre Toten (wie vermutlich auch Petrus und Paulus) auf öffentlichen Friedhöfen. Erst im Laufe der Zeit stifteten begüterte Personen, auch hier vielfach Frauen, eigene christliche Grabstätten; nach ihnen wurden sie in der Folgezeit auch benannt (z. B. Domitilla und Priscilla). Ab dem 3. Jh. erwarb die Gemeinde eigene Friedhöfe – so ist etwa die Calixtus-Katakombe nach dem für sie zuständigen Diakon und späteren Papst benannt. Viele Christen wollten in der Folge gern in unmittelbarer Nähe von dort bestatteten Märtyrern begraben werden, was in gewisser Weise auch dem altrömischen Klientelwesen entsprach: Schon immer hatten sich niedriger gestellte »Klienten« gegen das Versprechen von Schutz einem Patron angeschlossen und dafür Dienstleistungen erbracht. Insbesondere bei solchen Katakomben entstanden dann ab dem 4. Jh. große Basiliken für die Mähler anlässlich des Totengedächtnisses.

Der Name *catacumba(s)* hing ursprünglich nur an der heute nach dem Märtyrer Sebastian benannten Anlage (s. u.) und leitete sich entweder von den dortigen Gruben her (griech.: *kata kymbas*) oder von einem Relief oder Wirtshausschild in der Nähe, das *cumba*, d. h. Boote, darstellte. Erst in der Neuzeit wurden alle unterirdischen Friedhöfe nach dieser einzigen schon immer zugänglichen Anlage benannt. Die Christen selbst nannten ihre Friedhöfe *coemeterium*, d. h. »Ruhe- oder Schlafstätte«.

Ab dem 5. Jh. gab es immer weniger Begräbnisse auf den außerhalb Roms gelegenen Friedhöfen, möglicherweise auch wegen der unsicherer werdenden Zeiten. Zwischen dem 7. und dem 9. Jh. wurden dann die Gebeine der dort begrabenen Märtyrer in die Stadt überführt (die alte römische Scheu vor der Umbettung der Toten erlosch), und die Anlagen gerieten fast alle in Vergessenheit. Ab dem 17. Jh. wurden sie wiederentdeckt – u. a. durch Antonio Bosio und Giovanni Battista de Rossi, den Begründer der christlichen Archäologie als Wissenschaft –, aber auch »geplündert«, indem viele der dort gefundenen Knochen als Märtyrerreliquien veräußert wurden.

Drei verschiedene Typen von Gräbern herrschen vor: *Loculi* nennen sich die Nischengräber in den Wänden der unterirdischen Gänge, die im Laufe der Zeit immer tiefer ausgeschachtet werden konnten, so dass die oberen, älteren Gräber so weit oben in der Wand lagen, dass sie nicht mehr direkt zugänglich waren. Sie waren mit Ziegeln oder Marmorplatten verschlossen, auf denen sich

Gang in einer der Katakomben mit Grabkammern in den Wänden

zahllose Zeichnungen und Inschriften erhalten haben. Daneben gab es *arcosolia*, Wannengräber mit einem Bogen darüber, der nach dem Sonnenlauf benannt ist, und *cubicula*, Grabkammern mit mehreren Gräbern in den Wänden.

Diese Wände wurden vielfach mit Malereien verziert. Eindeutig christliche Motive sind auch hier die (alttestamentlichen) Errettungsbilder: Jona, die drei Jünglinge im Feuerofen, die Arche, der Exodus (mit seinem Bezug zur Taufe) werden besonders häufig dargestellt. Sogenannte »Bankettszenen« zeigen entweder das Totenmahl oder die Eucharistiefeier. Alltagsszenen aus dem Leben der Verstorbenen, wie sie z. B. die Grabmalereien im alten Ägypten prägen, finden sich kaum – lediglich *fossores*, die Arbeiter, die die Katakomben anlegen, sind manchmal anzutreffen. Aber selbst »abstrakte« biblische Texte werden aufgegriffen: In der Katakombe S. Pancrazio, westlich von Trastevere, verehrt man bald ein Grab mit vier Kammern als das der »Märtyrerinnen« Sophia (Weisheit), Fides (Glaube), Spes (Hoffnung) und Caritas (Liebe) (vgl. 1 Kor 13).

Im Folgenden werden die wichtigsten, für Besucher dauerhaft zugänglichen Katakomben (vier von insgesamt etwa 60) und die Kirchen über zwei wichtigen Märtyrergräbern vorgestellt. Übrigens beschreiben auch die ersten Rom-Reiseführer aus dem 7. Jh. vor allem die Friedhöfe der Stadt, die wegen der Heiligengräber beliebte Reiseziele waren. Schon Hieronymus berichtet im 4. Jh. von Sonntagsausflügen zu den schaurig-schönen Katakomben.

S. Sebastiano: Die bekannteste Ausfallstraße Roms in der Antike ist die Via Appia. Etwa 1,5 km südlich der Porta S. Sebastiano liegt die gleichnamige Katakombe, nicht weit vom Grabmal der Cecilia Metella, das in der ersten Hälfte des 1. Jh.s für die Schwiegertochter des Crassus errichtet wurde. Hier, wo noch große Teile des römischen Pflasters erhalten sind, ist auch Paulus vorbeigekommen.

Im 2. Jh. entstand im Bereich der heutigen Kirche eine Nekropole. Die unter der Kirche erhaltenen drei Grabkammern wurden schräg abwärts in den Tuffstein hineingehauen, mit Fassaden und Stuckdekorationen versehen bzw. ausgemalt. Davor wurde ein kleiner offener Platz angelegt. Um die Mitte des 3. Jh.s wurde der gesamte Bereich zugeschüttet und mit einem neuen Hof überdeckt. Am Rand dieses Platzes wurden zwei Loggien errichtet. Eine davon ist mit Bänken an drei Seiten ausgestattet, die für die Totenmähler dienten, und wird deshalb *triclia* genannt. In die rot verputzte Rückwand sind zahlreiche Graffiti eingeritzt, die Petrus und Paulus anrufen. Vermutlich sind damals, vielleicht im Rahmen der Verfolgung unter Kaiser Valerian im Jahr 258, die Gebeine von Petrus und Paulus hierher gebracht worden (auch wenn man den genauen Aufbewahrungsort nicht kennt). Jedenfalls feierte man hier bald am 29. Juni (am Tag der Übertragung der Gebeine?) ein Fest zu Ehren der beiden Apostel.

Sogenannte *triclia* unter San Sebastiano (Rekonstruktion)

Neben dieser Anlage war auch eine Katakombe entstanden. Dort wurde um 288 der

Graffiti in der sogenannten Roten Mauer, der Rückwand der *triclia* von San Sebastiano

Märtyrer Sebastianus begraben. Sicher ist, dass er aus Mailand stammte und dass sein Fest am 20. Januar gefeiert wurde. Seine *Passio* aus dem 5. Jh. berichtet von seiner vermeintlichen Hinrichtung als Hauptmann der Prätorianergarde mit Hilfe von Pfeilen, seiner Rettung durch eine heilkundige Frau, seiner erneuten Verhaftung und endgültigen Hinrichtung im Zirkus. Schon sehr bald wurde für die Verehrung dieses Heiligen eine eigene Krypta angelegt, die unterhalb und am Rand der heutigen Kirche erhalten ist.

Anfang des 4. Jh.s entstand eine große Basilika, die in diesem Falle nicht das Märtyrergrab einschloss, aber weiterhin dem Gedächtnis der Apostel gewidmet war, auch wenn die Gebeine damals nacheinander (!) zur Via Ostiense und zum Vatikan zurückgebracht wurden. (Die Überführung der Paulusreliquien geschah an einem 25. Januar, dem späteren Gedenktag der Berufung des Paulus. Auf diese Aufteilung der Reliquien beziehen sich vermutlich auch die späteren Nachrichten, z. B. bei Gregor I., über vermischte und dann wieder getrennte Gebeine der Apostel.) Die *triclia* bildete zunächst einen tieferliegenden Teil im Westen der Kirche, deren Atrium bis an die Straße heranreichte. Die Seitenschiffe bildeten im Westen einen Halbkreis, so dass diese *Basilica apostolorum* einen U-förmigen Grundriss hatte.

Im 16. Jh. wurden die Kirche und die benachbarte Katakombe von Filippo Neri, dem großen Erneuerer des religiösen Lebens in Rom, in die Sieben-

San Sebastiano (Statue von Giuseppe Giorgietti unter dem Altar der Sebastianskapelle)

Kirchen-Wallfahrt miteinbezogen, bei der innerhalb eines Tages die Hauptkirchen Roms besucht werden (S. Pietro, S. Paolo, S. Maria Maggiore, S. Giovanni, S. Croce, S. Lorenzo und S. Sebastiano). Auch deshalb wurde sie im 17. Jh. komplett neu errichtet, wenn auch in verkleinerter Form. Damals wurden die Reliquien des Sebastian, die im 9. Jh. in den Vatikan und erst im 13. Jh. zurückgebracht worden waren, in die Seitenkapelle erhoben und im Altar oberhalb des Schreins mit der Skulptur des Heiligen deponiert. Der Auftraggeber Kardinal Scipio Borghese, der für die Villa seiner Familie die großartigen Bernini-Skulpturen erwarb, stattete die Kirche auch mit dem letzten Werk des Meisters aus, einer Büste des *Salvator mundi*.

Calixtus-Katakombe: Ebenfalls im Bereich der Via Appia liegt die Katakombe, die nach dem Diakon Calixtus benannt ist, der unter Bischof Zephyrinus (199–217) für diesen ältesten christlichen Friedhof verantwortlich war. In einem eigenen Bereich, der von Calixtus (Bischof 217–222) angelegten sogenannten Papstkrypta, wurden neun Bischöfe des 3. Jh.s beerdigt. Von Bischof Damasus (366–384) wurde sie in einen Gottesdienstraum umgestaltet; eines der zahlreichen Epigramme, mit denen er die christlichen Friedhöfe Roms zu einer eigenen Erinnerungslandschaft der Heiligen gestaltet hat, ist ihnen gewidmet. In der gleichen Region der Katakombe liegt die angebliche Grabstätte der Cäcilia; vermutlich lag hier in Wirklichkeit die Grabanlage der Familie der Caecilii. Der Leichnam der enthaupteten jungen Frau wurde im 9. Jh. – angeblich unverwest und mit Fingern in einer Haltung, die ihr Bekenntnis zur Dreifaltigkeit zeigten – gefunden. So stellt ihn auch die Barockskulptur von di Maderno in S. Cecilia in Trastevere (über ihrem angeblichen Wohnhaus) dar, deren Kopie sich in der Katakombe befindet. Sie gilt als Patronin der Kirchenmusik, vermutlich, weil man einen ihr zu Ehren gesungenen Vers (*Cantatibus organis Caecilia Domino decantabat* – Beim Klang der Instrumente sang Cäcilia dem Herrn« so verstand, als sei darin von Orgeln die Rede.

Jona (Fresko in der Domitilla-Katakombe)

Taube (Fresko in der Domitilla-Katakombe)

Domitilla-Katakombe: Stifterin der Katakombe war wohl eine vermögende Frau namens Domitilla, doch vermutlich nicht die Nichte des T. Flavius Clemens, des Konsuls des Jahres 95, die mit der kaiserlichen Familie der Flavier verwandt war und wegen ihres vermutlich jüdischen oder christlichen Glaubens verbannt wurde. Der christliche Kern der weitläufigen Katakombe entstand im 2. Jh.; um 300 wurden in einer Krypta die Märtyrer Nereus und Achilleus beigesetzt. Darüber entstand zwischen dem 4. und 7. Jh. eine Basilika, die nach der Wiederentdeckung der Katakombe zum Teil rekonstruiert wurde. Auf einer der dortigen Säulen findet sich auch eine der ganz seltenen frühchristlichen Darstellungen eines Martyriums (des Achilleus). Ebenfalls in dieser Katakombe verehrte man das Grab der bereits erwähnten Tochter des Petrus, Petronilla (s. o. S. 66), wie ein hier gefundenes Fresko belegt, das sie als Begleiterin einer Verstorbenen zeigt. Während des 2. Vatikanischen Konzils schlossen hier einige Bischöfe den sogenannten »Katakombenpakt«, in dem sie sich zu einem einfachen, den biblischen Ursprüngen entsprechenden Lebensstil verpflichteten.

Priscilla-Katakombe: Die Stifterin dieser Katakombe – später als Frau des Pudens aus 2 Tim 4,21 angesehen – stammte vermutlich aus der Familie der Acilii, die hier, an der Via Salaria, der Ausfallstraße Richtung Norden, ihre Grabstätte hatte. In der sogenannten Cappella Graeca finden sich die ältesten Malereien mit biblischen Szenen aus dem 2. Jh. Der Großteil der Katakombe wurde jedoch im 3. und 4. Jh. angelegt. Auch in dieser Katakombe ruhen mehrere Bischöfe, u. a. Silvester (314–335), der Zeitgenosse Konstantins. Außerdem gilt die Katakombe als ursprüngliche Grabstätte von Prisca und Aquila sowie von Pudentiana und Praxedis, der Töchter des Pudens (s. S. 110 und 119).

Goldglas mit Agnes zwischen Petrus und Paulus (Vatikanische Museen)

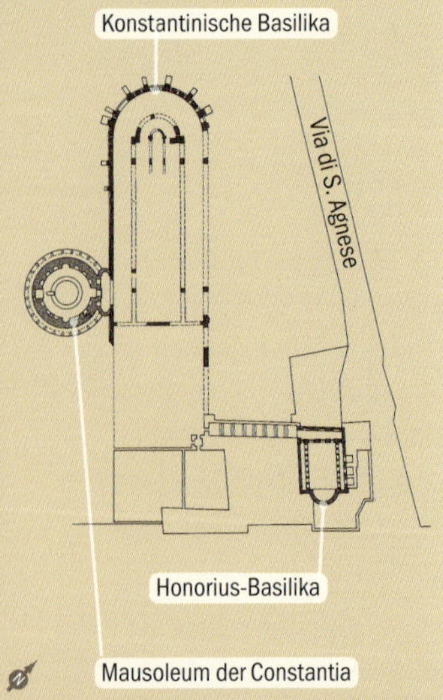

Plan der Memorialbasilika, des Mausoleums der Constantia (heute St. Costanza) und der Honoriusbasilika

S. Agnese fuori le mura und S. Costanza: Diese Katakombe liegt an der Via Nomentana, einer Ausfallstraße Richtung Nordosten. Über die hier beigesetzte Märtyrerin Agnes fehlen sichere historische Nachrichten – ihr Name (»die Reine«) bezeichnet möglicherweise auch einen Typus. (Über die schon Mitte des 4. Jh.s hochverehrte Heilige erzählt ihre spätere Legende, dass sie als junges Mädchen wegen ihrer Ablehnung einer Heirat in ein Bordell gebracht wurde und schließlich im Circus des Domitian wie ein Lamm mit dem Schwert hingerichtet wurde. Die Kirche S. Agnese in Agone an der Piazza Navona, deren Grundriss dem Circus entspricht, erinnert daran. Über ihrem Grab entstand im 4. Jh. eine kleine Basilika, die im 7. Jh. von der heutigen sogenannten Honoriusbasilika überbaut wurde. Sie ist mit Emporen ausgestattet und mit einem Apsismosaik, das Agnes sogar im Zentrum zeigt. Auf dem Altar steht eine Statue, die sie darstellt – eine antike Göttin mit erneuertem Kopf. In unmittelbarer Nähe des Grabes ließ Constantia, die Tochter Konstantins, die bis 350 als Witwe in Rom lebte, eine U-förmige Basilika errichten, die weitgehend zerstört ist. Im Südwesten schloss sich das (erhaltene) für sie bestimmte Mausoleum in Form eines Martyrions an. Dieser Rundbau gehört zu den eindrucksvollsten spätantiken Bauten Roms und ist an der Decke mit Mosaiken ausgestattet, die Putten bei der Weinlese zeigen. In einer der drei Wandnischen stand der Porphyrsarkophag der Verstorbenen, der sich heute in den Vatikanischen

Apsismosaik in Sant' Agnese: Die Heilige in der Kleidung einer byzantinischen Prinzessin zwischen Honorius und Symmachus

Museen befindet. Die (stark überarbeiteten) Mosaiken in den beiden anderen Nischen zeigen die Übergabe der Schlüsselgewalt an Petrus und des Gesetzes (*traditio legis*) an Petrus und Paulus.

S. Lorenzo fuori le mura: In einer Katakombe an der Via Tiburtina wurde, vermutlich kurz nach Mitte des 3. Jh.s, der Märtyrer Laurentius begraben. Sehr früh entstand die Legende, er sei einer der sieben römischen Diakone und damit für die Armenfürsorge zuständig gewesen: Als Bischof Sixtus II. (257–258) im Rahmen der Verfolgung Valerians verhaftet und hingerichtet wurde, wurde Laurentius aufgefordert, die Schätze der Kirche herauszugeben. Er verteilte sie an die Armen und präsentiert diese als die wahren »Schätze der Kirche«. Daraufhin wurde auch er zum Tode verurteilt und auf einem glühenden Rost hingerichtet. Dabei habe er den Henker nach einiger Zeit gebeten, ihn zu wenden – die eine Seite sei nun gar: Ein seltenes, wenn auch eigenes Stück frühchristlichen Humors.

Auch hier entstand zunächst in der Nähe des Grabes eine (heute verschwundene) Basilika. Doch Ende des 6. Jh.s suchte man unmittelbaren Zugang zu den Gebeinen: Eine Kirche wurde in den Hang des Hügels hinein-

San Lorenzo

gebaut, unter dem die Katakombe lag. Das Grab befand sich nun im Erdgeschoss des mit Emporen versehenen Baus, der den Chorraum der heutigen Kirche bildet. Diese entstand im 13. Jh., als man die Apsis der Grabkirche abriss und sie mit der direkt dahinterliegenden Kirche verband, die nun das Kirchenschiff bildet. Der Chorraum mit einem kunstvollen Baldachin über dem Altar wurde so erhöht, dass das Grab heute eine Krypta darunter bildet. Das Mosaik über dem Triumphbogen der alten Kirche ist aufgrund dieser Baugeschichte vom Chorraum aus zu sehen: Es zeigt den auf der Weltkugel thronenden Christus zwischen Petrus und Paulus, Laurentius mit Papst Pelagius, dem Bauherrn, und Stephanus mit Hippolytus. Dass der »Erzmärtyrer« und Diakon (!) Stephanus hier auftaucht, ist kein Zufall: Reliquien von ihm waren zusammen mit den Ketten des Petrus (s. o.) nach Rom gelangt und ruhen nun zusammen mit denen des Laurentius in einem antiken Sarkophag in der Krypta. Der kostbarste Schatz übrigens, den Laurentius angeblich verteilt hat, der Kelch des letzten Abendmahls, befindet sich einer Legende zufolge heute in Spanien, das bald als Heimat des Heiligen galt.

Die Kirche, abseits des Zentrums und neben dem großen modernen Friedhof Roms, dem Campo Verano, gelegen, war 1943 von einem amerikanischen Bombenangriff betroffen. Papst Pius XII. verließ aus diesem Anlass den Vatikan – damals eine Sensation – und besuchte die Verletzten. Wenig später besetzten die Deutschen Rom. Mit ihnen ist auch eine der modernen Totengedenkstätten in Rom, direkt neben der Katakombe S. Callisto, verbunden: In den Fosse Ardeatine genannten Höhlengängen erschossen am 24. 3. 1944 die deutschen Besatzer 335 italienische Zivilisten – als Rache für einen Bombenanschlag auf Südtiroler Polizisten in Rom am Vortag.

Kirche S. Bartolomeo: Die Kirche auf der Tiberinsel – sie ist auch die römische Grabkirche des Apostels, so, wie SS. XII Apostoli als die der Apostel Philippus und Jakobus d. J. gilt – ist seit 2002 den katholischen Märtyrern des 20. Jh.s gewidmet. Dort finden sich eindrucksvolle Zeugnisse aus den

San Bartolomeo auf der Tiberinsel (ehemals dem hl. Adalbert von Prag geweiht)

Konstantin (Statue im Atrium von San Giovanni in Laterano)

Bronzetür von San Giovanni in Laterano aus der Curia

nationalsozialistischen Konzentrationslagern, aber auch von Oscar Romero (Erzbischof von El Salvador, als Kritiker der Regierung 1980 ermordet), und der bewegende Abschiedsbrief des Trappistenabtes von Tibhirine in Algerien (1996 von Islamisten ermordet).

S. Giovanni in Laterano

Noch bevor Konstantin die Basilika über dem Petrusgrab in Auftrag gab, ließ er am Stadtrand, und zwar auf dem Gelände der Kaserne einer aufgelösten Kavallerie-Einheit, das früher der Familie der Laterani gehört hatte, eine fünfschiffige Kirche für den Bischof von Rom und seine Gemeinde errichten. Diese nennt sich, laut Inschrift über dem Portal, bis heute »Mutter und Haupt aller Kirchen der Stadt und des Erdkreises«. Geweiht war sie zunächst dem Erlöser, später übernahm sie das Patronat Johannes des Täufers und des Evangelisten. Damit waren zugleich die beiden Zentren des christlichen Rom definiert, die die Stadtentwicklung für Jahrhunderte mitbestimmen sollten.

Der Kern des konstantinischen Baus, der nach dem Exil der Päpste in Avignon erstmals restauriert wurde, ist bis heute erhalten, aber unter dem barocken »Mantel« des 17. Jh.s kaum noch zu erkennen – anders als bei St. Peter entschied man sich hier im Geist der Reform nicht für einen Abriss, sondern für eine »Renovierung«. So sind im Inneren jeweils mehrere Säulen in den gewaltigen Pfeilern mit den Apostelfiguren »verschwunden«. In der Vorhalle befindet sich eine Panzerstatue Konstantins; die Tür des Hauptportals stammt aus der Curia des Forum Romanum, wurde allerdings

San Giovanni in Laterano: Hochaltar

erst 1660 hierhin gebracht. Ursprünglich ist dagegen die Grundstruktur des Apsismosaiks: Im Zentrum steht hier das Kreuz auf einem Berg, von dem vier (Paradies-)Ströme ausgehen, aus denen Hirsche und Schafe trinken. Es wurde im 13. Jh. überarbeitet: Damals ließ Papst Nikolaus IV. (1288–1292), der erste Franziskaner in diesem Amt, Franziskus und Antonius von Padua hinzufügen. Franziskus begegnete 1210 im Lateranpalast dem damaligen Papst Innozenz III., der seine Ordensregel bestätigte, nachdem er – so heißt es – im Traum gesehen hatte, wie dieser die (Lateran-)Kirche vor dem Einsturz bewahrte (s. u. S. 118). Daran erinnert auch die gewaltige Franziskusstatue gegenüber dem Eingang der Basilika.

27 Päpste sind in dieser eigentlichen Bischofskirche von Rom bestattet – darunter Silvester II. (999–1003), der Papst der ersten Jahrtausendwende, und Leo XIII. (1878–1903), der sich dem neuen, industriellen Zeitalter zumindest im Zusammenhang der Arbeiterfrage öffnete. Unter dem Baldachin des 14. Jh.s mit den angeblichen Kopfreliquien von Petrus und Paulus steht auch hier der Papstaltar. Im oberen Teil des Sakramentsaltars im linken Querschiff befindet sich angeblich die hölzerne Tisch- bzw. Altarplatte aus dem Haus des Pudens (s. u. S. 110). Ebenfalls aus dem 14. Jh. und von Giotto stammt das Fresko von Bonifaz VIII. am ersten Pfeiler des rechten Seitenschiffes, das von der Loggia des Lateranpalastes stammt und ihn bei der Verkündigung des Heiligen Jahres 1300 zeigt (s. u. S. 118).

Dieser erste »Papstpalast« war ebenfalls bereits zu Lebzeiten Konstantins errichtet worden und wurde dann u. a. zur Zeit Karls des Großen erweitert. Einzige Überreste des Komplexes, der nach der Rückkehr der Päpste aus Avignon aufgegeben wurde, sind das (stark restaurierte) Mosaik des großen Trikliniums von Leo III. (795–816) und die päpstliche Kapelle im Komplex nördlich der Kirche. Das Mosaik zeigt auf dem Bogen die Übergabe der Schlüsselgewalt an Silvester und einer Fahne an Konstantin durch Christus sowie die Übergabe des Palliums an Leo III. und einer Fahne an Karl durch Petrus – deutlicher kann man das neue Bündnis zwischen Kaiser und Papst nicht religiös legitimieren!

Alter Lateranpalast: Mosaik des großen Tricliniums

»Sancta Sanctorum« (Allerheiligstes) ist die Bezeichnung für die ehemalige Privatkapelle der Päpste, die ihren Beinamen von den zahlreichen, einst hier aufbewahrten Reliquien hat. (Dass im Altar die angeblichen Tafeln der 10 Gebote aufbewahrt werden, wie der Roman »Die Entdeckung des Himmels« von H. Mulisch behauptet, ist eine moderne Legende.) Die Kapelle war ursprünglich dem Laurentius geweiht und erhielt ihre heutige Gestalt weitgehend ebenfalls unter Nikolaus IV. (1288–1292). Als Altarbild dient eine hochverehrte Christus-Ikone aus dem 8. Jh., die angeblich von Lukas begonnen, aber von Engeln vollendet wurde, während sich an der Südwand mittelalterliche Fresken mit der Darstellung des Martyriums von Petrus und Paulus befinden.

Zur Kapelle gelangt man über eine dreiteilige Treppe: Der mittlere Teil stammt angeblich aus dem Palast des Pilatus und war der Ort, wo der gegeißelte Jesus dem Volk vorgeführt wurde. Die Überlieferung, dass diese »Scala Santa« (Heilige Treppe) durch Helena nach Rom gebracht wurde, ist erstmals im 14. Jh. bezeugt – möglicherweise stammt sie aus der Kreuzfahrerzeit. Auch Martin Luther ist sie auf Knien hinaufgerutscht (s. u. S. 143). Der neue Lateranpalast aus dem 16. Jh. war 1929 Ort der Unterzeichnung der Lateranverträge.

Gleichzeitig mit der Basilika wurde Anfang des 4. Jh.s das Baptisterium (heute S. Giovanni in Fonte) auf den Grundmauern eines antiken Nymphäums errichtet. Der ursprünglich runde Bau, in dessen Zentrum heute eine antike

San Giovanni in Fonte: Fresko mit der Kreuzvision Konstantins

Badewanne aus Porphyr steht, erhielt im 5. Jh. einen achteckigen Grundriss; aus dieser Zeit stammt auch der Architrav über den ägyptischen Porphyrsäulen mit einer eindrucksvollen Inschrift aus acht Distichen. Die ersten drei davon lauten:

> *»Ein Geschlecht, zu weihen den Himmeln,*
> *wird hier aus segenspendendem*
> *Samen geboren, /*
> *das der Geist in den befruchteten*
> *Wassern hervorbringt. //*
> *Tauche unter, Sünder, der du in dem*
> *heiligen Fluss gereinigt werden willst: /*
> *Den sie als alten empfängt,*
> *wird die Woge als neuen hervorbringen. //*
> *Kein Unterschied ist unter*
> *den Wiedergeborenen,*
> *die zu einem einzigen macht /*
> *der eine Quell, der eine Geist,*
> *der eine Glaube.«*

Obelisk vor San Giovanni

Santa Croce: Kaiserin Helena

Santa Croce in Gerusalemme

Im 16. Jh. wurde der äußere Teil des Baptisteriums so erhöht, dass der heutige Bau entstand; die damals angefertigten Fresken zeigen u. a. die Kreuzesvision Konstantins, die Schlacht an der Milvischen Brücke und die Taufe des Kaisers. Tatsächlich hat sich Konstantin erst 337 auf dem Sterbebett in Nikomedien taufen lassen, aber vor dem Baptisterium verkündet auch der Sockel des Obelisken vor dem Baptisterium: *»Constantinus, durch das Kreuz Sieger, hat, vom heiligen Silvester hier getauft, des Kreuzes Ruhm verbreitet.«* Der Obelisk selbst war von Thutmosis III. ursprünglich in Theben aufgestellt worden, gelangte nach Konstantins Tod nach Rom, fand seinen Platz im Circus Maximus und wurde 1587 am heutigen Platz, zuvor Ort des Reiterstandbildes von Marc Aurel / Konstantin, aufgestellt.

S. Croce in Gerusalemme

Nicht weit entfernt vom Gelände der späteren Laterankirche lag, ebenfalls am Stadtrand, zu Konstantins Zeiten der Sessorianische Palast. Von Septimius Severus begonnen und von Elagabal vollendet, hatte ihn die Kaiserinmutter Helena als ihre Residenz gewählt. Mitte des 4. Jh.s wurde von dem Gesamtkomplex aus Thermen, Circus und Villa ein Raum abgetrennt, mit einer Apsis versehen und in eine Kirche umgewandelt. Mit ihr verbunden war ein Anbau, der in der heutigen Helenakapelle hinter und unterhalb der Kirche S. Croce in Gerusalemme erhalten ist. Diese hat ihren Beinamen, weil in dem Anbau nicht nur zahlreiche Reliquien aufbewahrt wurden, die Helena angeblich von ihrer Reise ins Heilige Land im Jahr 326 mitgebracht hatte, sondern weil dieser auch auf Erde aus Jerusalem errichtet wurde. Mitte des 12. Jh.s entstand eine neue dreischiffige Basilika

Santa Croce: Apsisfresko mit Darstellung der Kreuzauffindung

mit Vorhalle und Turm. Diese wiederum wurde im 18. Jh. barockisiert und mit einer Fassade im Stil des Rokoko versehen.

Von dem antiken Bau sind heute in der eigentlichen Kirche nur noch acht ägyptische Granitsäulen zu sehen. Rechts vom Chor aber kann man zur Helenakapelle hinuntersteigen. In einer Nische steht eine Statue vom Typ der vatikanischen Juno, die im 17. Jh. mit Hilfe eines neuen Kopfes und eines Kreuzes in eine Figur der Helena umgestaltet worden ist. Weiterhin findet sich eine Statuenbasis mit dem Namen der Augusta. Der ursprünglich für Konstantin vorgesehene Sarkophag, in dem Helena bei der nahegelegenen Katakombe *ad duas lauros* an der Via Labicana (heute Catacomba SS. Marcellino e Pietro an der Via Casilina) bestattet wurde, befindet sich heute in den Vatikanischen Museen.

Die Auffindung des Kreuzes durch Helena und seine Rückeroberung durch Kaiser Heraklius im Jahr 628 nach dem Verlust an die Perser schildern auch die Fresken des 15. Jh.s im Chor der Kirche. Angebliche Splitter des Kreuzes und zahlreiche weitere Reliquien (u. a. Dornen der Dornenkrone, ein Nagel vom Kreuz Jesu und der Querbalken des Kreuzes, an dem einer der mitgekreuzigten Verbrecher starb) werden heute in einer Kapelle von 1930 aufbewahrt, zu der man links vom Chor hinaufsteigt.

Besonderes Interesse hat jene Reliquie mit dem direktesten Bezug zur Bibel gefunden – der sogenannte Kreuzestitulus mit der dreisprachigen Inschrift

Santa Maria Maggiore

Santa Maria Maggiore: Die drei Männer bei Abraham

»Jesus von Nazaret, König der Juden« (Joh 19, 19). Er wurde 1492 entdeckt, eingemauert in einen Mauerbogen der Helenakapelle und mit dem Siegel von Papst Lucius II. (1143–1144) versehen. Die Inschrift auf dem nicht ganz vollständigen Holzstück besteht aus drei Zeilen – geschrieben in aramäischer, griechischer und lateinischer Schrift –, die alle (!) von rechts nach links verlaufen. Sie lauten:

ישונצרמם (JESCHU NAZARA M[ALKECHE]M)
NAZAPENYS B
US NAZARENUS RE

Paläographen haben festgestellt, dass der Schrifttyp dem des 1. Jh.s entspricht, weswegen einige Wissenschaftler die Inschrift tatsächlich für die Kopie einer antiken Tafel halten, die von einem jüdischen Schreiber angefertigt wurde. Das Original kann es schon deshalb nicht sein, weil das Holz aus dem 10.–12. Jh. stammt, wie man mit Hilfe der Radiokarbon-Methode festgestellt hat.

S. Maria Maggiore

Die große Marienkirche gehört bereits zu jenen Kirchen, die nicht mehr der Kaiser, sondern der Bischof für die römische Gemeinde gebaut hat – so verkündet es die Inschrift im Mosaik des Triumphbogens: »Sixtus dem Volk Gottes«. Gemeint ist Sixtus III. (432–440); die Legende datiert die Errichtung der Kirche allerdings noch weiter zurück: Angeblich erhielt Bischof Liberius im Traum den Auftrag, dort eine Kirche zu bauen, wo im August Schnee falle – dies geschah dann am 5. August 352, weswegen die Kirche auch S. Maria ad Nives (Maria im Schnee) genannt wird. Vollendet wurde sie jedenfalls 434, also wenige Jahre, nachdem das Konzil von Ephesus Maria den Titel Gottesgebärerin zuerkannt hatte.

Auch hier ist der frühchristliche Bau von außen unter dem barocken Mantel kaum zu erkennen. Im Inneren sind aber große Teile des Ursprungsbaus noch erhalten. Dieser zeichnete sich durch einen gewissen »Klassizismus« aus: Noch einmal trat der Architrav über den ionischen Säulen an die Stelle der Rundbögen, die später meist den Zwischenraum zwischen den Säulen überbrücken sollten. Möglicherweise stellte diese Besinnung auf die Vergangenheit eine Reaktion auf den Schock der Eroberung von 410 dar, nach dem sich die Kirche als Hüterin der (erneuerten) Tradition präsentieren wollte.

Oberhalb der Säulen und am Triumphbogen findet sich außerdem der großartigste und vollständigste Mosaikzyklus, der aus der Spätantike erhalten ist. Vorlagen waren möglicherweise Buchmalereien; dafür spricht auch der Wechsel zwischen hoch- und querformatigen Feldern. Auf der linken Seite schildern die Szenen die Geschichte der Patriarchen von Abraham bis Jakob, am Triumphbogen beginnend mit der Begegnung von Abraham und Melchisedek, gefolgt von der Erscheinung der drei Männer/ Engel in Mamre und weitergehend bis zum Konflikt der Jakobssöhne mit den Sichemiten. Gegenüber folgt sozusagen die Fortsetzung: Die Mosaiken zeigen Szenen aus den Erzählungen über Mose und Josua, beginnend mit Mose bei der Tochter des Pharao und den ägyptischen Weisen und fortsetztend bis zum Sieg Josuas über die fünf Könige. Die Mosaiken des Triumphbogens zeigen schließlich Szenen aus der Kindheitsgeschichte Jesu, in der Maria eine besondere Rolle spielt – das Bild mit der Anbetung der Weisen zeigt (auch) sie nun thronend wie eine Kaiserin(mutter). Das theologische Gesamtkonzept ist eindrucksvoll: Neben dem zentralen Medaillon mit Petrus und Paulus sowie dem leeren Thron der Apokalypse, der auf das endzeitliche Erscheinen Christi verweist, zeigt das obere Register die Erscheinung Christi im jüdischen Kontext (Verkündigung an Maria und an Josef, Darstellung im Tempel und Aufforderung an Josef, nach Ägypten zu fliehen), das zweite die Epiphanie vor den Heiden (Anbetung der Weisen aus dem Osten und Kindermord sowie Anerkennung Jesu durch den ägyptischen Priester Aphrodisius – eine Szene aus dem apokryphen Matthäus-Evangelium). Eindrucksvolles Zeichen für die Integration dieser Erzählungen in den römischen Kontext ist die Tatsache, dass sich im Giebel des Jerusalemer Tempels eine goldene Figur der Roma findet.

Im 13. Jh. errichtete man eine neue Apsis; Jacopo Toritti schuf die Mosaiken darin. Über kleineren Szenen aus dem Leben Mariens findet sich in

Santa Maria Maggiore: Reliquiar für das Holz der Krippe Jesu

der Halbkuppel, umrahmt von Engeln und den Ranken eines Weinstocks, ein Motiv, das keine biblische Szene (mehr) zeigt, sondern die weiterentwickelte, mittelalterliche Marienfrömmigkeit: Wie ein Paar sitzen Christus und die von ihm gekrönte Maria auf einem Thron und symbolisieren so die endzeitliche »Vermählung« von Gottheit und Menschheit. Zur gleichen Zeit entstanden die Mosaiken der Vorhalle, die u. a. das Schneewunder sowie die Heiligen Matthäus und Hieronymus (gest. 420) darstellen. Die Reliquien des Evangelisten und des Mannes, der – aus Rom geflohen – in Betlehem u. a. die Bibel ins Lateinische übersetzte, werden im Papstaltar der Basilika aufbewahrt.

Unterhalb dieses Altars befindet sich wiederum eine Confessio. Hier werden unter einer Figur des Jesuskindes die angeblichen Bretter der Krippe von Betlehem verehrt. Diese sind im 7. Jh. erstmals in Rom bezeugt – damals kamen Flüchtlinge aus den von den Arabern eroberten Gebieten nach Italien. Auch der damalige Papst Theodor I. (642–649) war Sohn eines Jerusalemer Bischofs. Dass man die »originale« Krippe in Betlehem entfernt hat, beklagte schon Hieronymus in einer Weihnachtspredigt:

> *»O möchte es mir doch gestattet sein, jene Krippe zu sehen, in welcher der Herr einst lag! Jetzt haben wir Christen – angeblich ehrenhalber – die aus Lehm gefertigte Krippe entfernt und durch eine silberne ersetzt. Aber*

für mich ist jene, die man fortgeschafft hat, wertvoller. [...] Derjenige, der in dieser Krippe geboren ist, verschmäht Gold und Silber.«

Als Ende des 15. Jh.s mit dem ersten Gold aus der »neuen Welt« die Decke des Mittelschiffs erneuert worden war, stellte Sixtus V., nachdem die Versetzung bei St. Peter gelungen war, auch bei S. Maria Maggiore einen Obelisken auf – dieser hatte zunächst beim Augustusmausoleum gestanden. Die Sockelinschrift lässt ihn, in Anspielung auf die im Zusammenhang mit S. Maria in Aracoeli genannte Legende (s. o. S. 21 f.), sagen:

»Christus, den Herrn, welchen Augustus, als (der Knabe) von der Jungfrau geboren werden sollte, angebetet hat – ihn selbst fortan noch ›Herrn‹ zu nennen, verbot er –, bete ich an.«

Vor der Kirche hatte bereits Paul V. die letzte verbliebene Marmorsäule der Maxentiusbasilika aufgestellt und mit einer Marienfigur gekrönt.

Sixtus V. war es auch, der hier nach Öffnung der rechten Mittelschiffwand (wodurch der Mosaikzyklus beschädigt wurde) 1590 eine weitere »Sixtinische Kapelle« errichten ließ. Darin befindet sich unter einem Tabernakel, der die Form der Kapelle wiederholt und gleichzeitig wie eine tragbare Lade gestaltet ist, eine kleine Krypta, die der Geburtsgrotte in Betlehem nachempfunden ist. Dort stehen auch die vermutlich ältesten Krippenfiguren der Welt: Nachdem Franziskus in Greccio 1223 erstmals das Weihnachtsevangelium mit Krippe und (lebenden) Tieren nachgestellt hatte, schufen Assistenten des Bildhauers Arnolfo di Cambio – auf Veranlassung des ersten Franziskanerpapstes Nikolaus I. – die marmornen Statuen von Josef, Ochs und Esel sowie der drei Könige. Die Fresken der Kapelle stellen deshalb auch den Stammbaum Jesu und Szenen der Kindheitsgeschichte dar. In Nischen rechts und links befinden sich die Gräber des Franziskaners Sixtus V. und seines Vorgängers, des Dominikaners Pius V., dem die Päpste die weiße Soutane verdanken: Der große Reformpapst behielt nach seiner Wahl einfach seine Ordenstracht bei – und die Nachfolger blieben dabei.

Aber nicht nur die Geburtsgrotte wurde in Rom nachgeahmt, sondern auch das Heilige Grab: Ein Nachbau von 1679 befindet sich heute in der armenischen Kirche S. Nicola da Tolentino: Als die Armenier Anfang des 20. Jh.s ihre der Maria von Ägypten geweihte Kirche im ehemaligen Portunustempel am Forum Boarium aufgeben mussten, weil dessen antike Gestalt wiederhergestellt werden sollte, wurde auch die entsprechende Kapelle verlegt.

Santa Pudenziana: Apsismosaik

Weitere frühchristliche Kirchen

Es gibt zahlreiche weitere römische Kirchen, deren Wurzeln in frühchristliche Zeit zurückreichen. Oft ist das nach einer Barockisierung kaum noch zu erkennen. Nur die wichtigsten können hier kurz vorgestellt werden.

S. Pudenziana: Die äußerlich unscheinbare Kirche ganz in der Nähe von S. Maria Maggiore steht der Überlieferung zufolge an der Stelle, wo einst das Haus des in 2 Tim. 4,21 erwähnten Pudens, Ehemann der Priscilla (s. o. S. 95) stand. (Dieser Pudens wird von manchen mit dem Feldherrn Cornelius Pudens identifiziert.) Der Legende zufolge feierte Petrus hier an einem Tisch Eucharistie (s. o. S. 101), taufte die beiden Töchter des Pudens, Pudentiana und Praxedis, die in der Folge mehrfach unter Lebensgefahr die Leichname von hingerichteten Märtyrern bargen. Archäologische Untersuchungen haben gezeigt, dass die Kirche Ende 4. Jh.s in eine private Thermenanlage des 2. Jh.s hineingebaut wurde, die ihrerseits über einem antiken Wohnhaus des 1. Jh.s stand. Bemerkenswert ist vor allem das darin befindliche, noch aus der Erbauungszeit stammende älteste christliche Apsismosaik Roms. Trotz unbeholfener Restaurierungen ist es weitgehend unversehrt erhalten geblieben. Im Zentrum thront der in ein kaiserliches Goldgewand gekleidete Christus, umgeben von den Aposteln, die römische Togen tragen, wobei zwei weibliche Gestalten über Petrus und Paulus einen Lorbeerkranz halten. Christus ragt in den himmlischen Bereich hinein, in dem die vier apokalyptischen Wesen erscheinen. Verbunden werden beide Bereiche außerdem durch eine Architektursilhouette, die jene drei Orte zeigt, an denen Konstantin im Heiligen Land Kirchen errichtet hatte – rechts die Geburtskirche in Betlehem, links die Auferstehungskirche in Jerusalem und in der Mitte das Kreuz auf dem Ölberg, dem Ort der Himmelfahrt, das gleichzeitig mit Christus die Achse des Mosaiks bildet. Auf diese Weise wird die Gemeinde, die angesichts dieses Bildes das Gedächtnis Christi feiert, mitgenommen in ein »Heiliges Land«, das sich Richtung Himmel öffnet. Die biblischen Städte Jerusalem und Betlehem werden in der Folge auf vielen frühchristlichen und mittelalterlichen Apsismosaiken in Form von Vignetten und als Ausgangsort einer Lämmerprozession dargestellt: Sie sind die »Ausgangspunkte« der Heilsgeschichte.

S. Sabina: Die Kirche auf dem Aventin entstand unter Bischof Coelestin (422–432), vermutlich über dem Haus einer Matrone namens Sabina. Bauherr war, laut der Mosaikinschrift im Inneren über dem Portal, ein Petrus aus Illyrien. Um Jahr 1220 schenkte Papst Honorius III. die Kirche dem Spanier Dominikus; dieser mach-

Santa Sabina: Außenansicht

Santa Sabina: Die Basilika von innen

Santa Sabina: Holztür des 5. Jh.s

Detail der Holztür von Santa Sabina: Exodus und Mose-Erzählungen

te den Ort zum Zentrum seines Bettelordens, der sich einerseits der Bekehrung der Katharer durch die Predigt widmete und andererseits wichtige Aufgaben im Zusammenhang der »Inquisition« übernahm.

Die elegante Kirche ist sehenswert u.a. deshalb, weil eine Restaurierung im 20. Jh. den ursprünglichen Raumeindruck fast vollständig wiederhergestellt hat. Das gilt schon für die Außenansicht: Vom Parco dell'Aventino (mit seinem wunderbaren Ausblick) lässt sich der Bau von Osten her gut überblicken. Im Innern lassen die großen Fenster im Obergaden viel Licht in den dreischiffigen Raum, und über den 24 Säulen aus einem antiken Tempel findet sich das klassische »opus sectile« aus verschiedenen Marmorarten. Vor der Apsis schließlich finden sich die klassischen Elemente einer spätantik-mittelalterlichen Kirche – der durch Chorschranken (in diesem Fall eine langobardische Arbeit des 8./9. Jh.s) abgetrennte Bereich für die Schola, Ambo und Osterleuchter.

Kostbarstes Ausstattungsstück ist aber die hölzerne Eingangstür aus der Entstehungszeit der Kirche. Sie war ursprünglich aus 28 Bildfeldern zusammengesetzt; immerhin 18 sind erhalten. Auch hier spricht deren Format (hoch- und querformatige Szenen) dafür, dass die Vorbilder aus der Miniaturmalerei oder der Elfenbeinschnitzerei kamen. Dargestellt sind Szenen aus dem Leben des Mose, des Elija und Christi. Möglicherweise steht dahinter die Einteilung der Bibel in die drei Bereiche Gesetz, Propheten und Evangelium. Die Szene mit Christus am Kreuz (in der Stellung eines Oranten) ist übrigens die älteste erhaltene direkte Darstellung dieser grausamen Hinrichtung in der christlichen Kunst. Zuvor hatte man das Kreuz lediglich als Siegeszeichen und ohne den Gekreuzigten dargestellt. Inzwischen war diese Form der Todesstrafe von Konstantin abgeschafft worden; trotzdem zeigt die Schnitzerei Jesus und die Schächer eher stehend vor ihren Kreuzen und mit offenen Augen. Sie soll zeigen: Dieser Jesus lebt und hat den Tod überwunden.

Santo Stefano: Martyrium des Stephanus

S. Stefano Rotondo: Auf dem Gelände einer Kaserne auf dem Celio (unter der ebenfalls ein Mithräum gefunden wurde) entstand im 5. Jh. eine Rundkirche, die dem ersten Märtyrer, Stephanus (vgl. Apg 6–7) geweiht ist. Dessen Verehrung hatte sich nach Auffindung der vermeintlichen Gebeine im Heiligen Land im Jahr 415 auch im Westen schnell verbreitet. Die Kirche stellt vom baulichen Konzept her einen Sonderfall unter den frühchristlichen Kirchen dar – obwohl das nach einer Umgestaltung im 12. Jh. einschließlich Abriss des äußeren Umgangs nicht mehr deutlich zu erkennen ist. Ursprünglich kombinierte der Bau die runde Grundform des Martyrions (s. o. S. 96 f. zu S. Costanza) mit einem griechischen Kreuz. Vermutlich sollte sie ein Abbild des himmlischen Jerusalem darstellen (vgl. Offb 21,9–22,5). Doch auch der heutige Bau mit seinen 22 ionischen Säulen lässt noch etwas vom ursprünglichen Raumeindruck erahnen.

Santo Stefano: Blick in den Rundbau

Das Mosaik in der Apsis, die im 7. Jh. an den einzig erhaltenen, nordöstlichen Kreuzarm angefügt wurde, stellt ein Kreuz zwischen zwei stehenden Märtyrern dar, und die 1582 entstandenen Malereien an den

Wänden zeigen – beginnend mit dem des Stephanus (vgl. Apg 7,54–60) – recht drastisch zahlreiche frühchristliche Martyrien. Hintergrund ist wohl die Tatsache, dass die Kirche Ende des 16. Jh.s dem 1552 als Reaktion auf die Reformation in Deutschland gegründeten Collegium Germanicum et Hungaricum übergeben wurde: So wurden die dort ausgebildeten Priester auf ihren Dienst in der Heimat eingestimmt, der der »Rückeroberung« der verlorenen Gebiete dienen sollte. Die Bilder sind nicht mehr »schön« wie zu Zeiten der Renaissance, sondern nur noch »fromm« und »erbaulich«, wie es die reformierte Doktrin verlangte.

S. Gregorio: Diese eher selten besuchte Kirche, ebenfalls auf dem Celio in der Nähe des Kolosseums gelegen, geht auf Papst Gregor I. zurück. Auf dem Gelände seines Elternhauses gründete er zwischen 575 und 601 ein nach dem Apostel Andreas benanntes Kloster, in dem die Mönche nach der Regel des Benedikt von Nursia (gest. 547) lebten. Durch Gregor, den ersten Papst aus dem Mönchsstand, wurden Leben und Regel dieses »Patrons Europas« in der gesamten westlichen Kirche bekannt. In Trastevere, in der Kirche S. Benedetto in Piscinula aus dem 11./12. Jh., zeigt man eine angebliche Zelle Benedikts, da hier sein Elternhaus gestanden haben soll.

San Gregorio: Sog. Thron des hl. Gregor

Anfang des 12. Jh.s entstand die heutige Kirche, die im 18. Jh. ihr barockes Gesicht und durch Scipione Borghese eine neue Fassade erhielt. Einen Nebenraum der Kirche zeigt man als Zelle Gregors und am Ende des Seitenschiffs einen kaiserzeitlichen Thron als Kathedra des Papstes. Tatsächlich aus Gregors Zeit stammt möglicherweise das mittlere der drei Oratorien, die sich links von der Kirche befinden. Es ist noch immer dem Andreas geweiht und mit Fresken von Guido Reni und Domenichino aus dem 17. Jh. ausgestattet. In S. Barbara, dem Oratorium links daneben, das wohl aus einem antiken Sommerspeisesaal entstanden ist, zeigt man den Marmortisch, an dem Gregor angeblich täglich Arme gespeist hat. Passenderweise leben gleich nebenan heute »Missionarinnen der Nächstenliebe«, Schwestern des Ordens von Mutter Teresa. Das Zentrum des Benediktinerordens mit der Hochschule S. Anselmo befindet sich heute auf dem Aventin – dort erklingt auch noch der nach Gregor benannte Choral.

San Gregorio

IV. Das Rom des Mittelalters

Die »Päpstin Johanna« (Holzschnitt aus der Schedelschen Weltchronik 1495)

Als die Araber den Nahen Osten eroberten, hatte das auch Auswirkungen auf Rom: Flüchtlinge kamen in den Westen – für Mönche aus dem Sabaskloster bei Jerusalem wurde z. B. die Kirche S. Saba errichtet. Und einige Syrer wurden bald darauf sogar zum Papst gewählt. Ähnliches geschah, als der Bilderstreit den Osten umtrieb: Zahlreiche Bilderverehrer kamen nach Rom und befruchteten die dortige Kunst. Doch das Verhältnis zu Byzanz – das offiziell bis zum 8. Jh. die Oberhoheit über Rom ausübte – litt, und als die Langobarden Mitte des Jahrhunderts das byzantinische Exarchat Ravenna eroberten, suchten die Päpste eine neue Schutzmacht und fanden sie in den Franken. 754 wurde deren Herrscher Pippin vom Papst zum König gekrönt, an Weihnachten 800 dessen Sohn Karl durch Leo III. sogar zum Kaiser. Und schon Pippin hatte dafür im Gegenzug dem Papst das von ihm eroberte Exarchat »geschenkt« – zusammen mit dem Gebiet um Rom und weiteren Besitzungen bildete dies die Keimzelle des Kirchenstaates.

Rom erlebte in der Folge eine Blütezeit, in der mehrere neue Kirchen entstanden. Doch als das fränkische Reich 843 geteilt wurde und die (Teil-)Könige sich um andere Probleme kümmern mussten, versank Rom in einem »dunklen Jahrhundert« (*saeculum obscurum*), aus dem nur bruchstückhafte Nachrichten überliefert sind. Römische Familien usurpierten das Papsttum für ihre Interessen; starke Frauen spielten dabei eine bedeutende Rolle. So kommt es auch, dass von papstkritischen Kreisen des 13. Jh.s für diese Zeit, in der viele Päpste Johannes hießen, die Existenz einer »Päpstin Johanna« behauptet und in alte Chroniken nachträglich eingetragen wurde. In der Folge »fand« man ihre Spuren auch in der Stadt: Eine antike Statue, die am Prozessionsweg zwischen dem Lateran und der Kirche S. Clemente stand und einen Priester mit verhülltem Haupt samt seinem Kind zeigte, wurde als weibliche Figur angesehen. Aus der Inschrift *PPP*, die eigentlich *pecunia propria posuit* (»aus eigenen Geldmitteln aufgestellt«) bedeutet, las man *peperit papissa papellum* (»die Päpstin gebar ein Päpstlein«). Und aus einem päpstlichen Thron, dessen Sitzfläche ein Loch hat, weil er aus eine antiken Bedürfnisanstalt stammt, schloss man, der Thron diene seit dieser Zeit dazu, nach der Wahl eines Papstes durch einen Griff von unten dessen Männlichkeit zu überprüfen.

Das dunkle Jahrhundert endete, als die Kaiser ihre Schutzfunktion auch in der Form wahrnahmen, dass sie unwürdige Päpste absetzten – wie es Otto I. im Jahr 963 mit Johannes XII. tat. Sein Enkel Otto III. machte um die Jahrtausendwende Rom für wenige Jahre sogar noch einmal zur Hauptstadt eines erneuerten römischen Reiches und residierte bis 1002 auf dem Aventin. Die

Franziskus stützt die (Lateran-)Kirche (Fresko von Giotto in Assisi)

Bonifaz VIII. verkündet das »Heilige Jahr« (Fresko in San Giovanni in Laterano)

nachfolgenden Kaiser setzten dann Päpste ein, die die Reform der Kirche vorantreiben wollten – und provozierten damit paradoxerweise einen der auch für sie selbst folgenreichsten Konflikte der Kirchengeschichte. Denn zur Reform – in Richtung auf die biblischen Anfänge – gehörte aus Sicht der Kirche auch ihre Befreiung von weltlichem Einfluss. Im sogenannten Investiturstreit um die Frage, wer Bischöfe einsetzen darf, exkommunizierte Gregor VII. (1073–1085) den Kaiser, bis dieser 1077 in Canossa vom Bann gelöst wurde. Langfristig war die Auseinandersetzung der Beginn einer grundsätzlichen Trennung von weltlichem und geistlichem Bereich, die für die Geschichte des Abendlandes entscheidend wurde.

Wenige Jahre nach Canossa kam es erneut zum Konflikt. Diesmal besetzte der Kaiser Rom und ließ einen Gegenpapst wählen. Der rechtmäßige Papst rief die inzwischen in Süditalien sesshaft gewordenen Normannen zur Hilfe, die zwar die kaiserlichen Truppen vertrieben, aber auch für Zerstörungen in der Stadt verantwortlich waren. Und nicht zuletzt wegen der vielen lokalen Turbulenzen des 11. Jh.s wurde die folgenreiche gegenseitige Exkommunikation von Papst und Patriarch von Konstantinopel im Jahr 1054 zunächst gar nicht in ihrer tragischen Bedeutung für die kommenden Jahrhunderte erkannt. Für die Stadt Rom war diese Zeit der Beginn eines Aufschwungs, der das 12. Jh. auch kulturell fruchtbar machte.

Innozenz III. (1198–1216) war der bedeutendste Vertreter des erneuerten Papsttums. Er integrierte die Armutsbewegung eines Franziskus, der zurückwollte zum einfachen Evangelium, in die Kirche und vergrößerte paradoxerweise, um Unabhängigkeit von anderen Herrschern zu gewinnen, gleichzeitig die weltliche Macht des Papsttums. Nicht zuletzt veranlasste er Kreuzzüge gegen Nichtchristen und Häretiker (Katharer). Bald darauf überzog Bonifaz VIII. (1294–1303), der auf den zurückgetretenen Coelestin V. folgte, den kirchlichen Anspruch gegenüber den weltlichen Herrschern, indem er deren volle Unterwerfung unter die römische Oberhoheit forderte.

Dabei waren, nach dem Untergang der Staufer, die Könige von Frankreich inzwischen besonders mächtig und suchten nun ihrerseits die Päpste zu kontrollieren. Bonifaz' Nachfolger residierte bereits nicht mehr in Rom; der nächste Papst war dann selbst Franzose und verlegte seinen Amtssitz nach Avignon. Das Ende von Rom, zumindest in seiner Bedeutung als Zentrum der Christenheit, schien gekommen.

Vorher hatte sich das erneuerte Rom des Mittelalters eindrucksvoll in einer Art Reiseführer präsentiert – den *Mirabilia Urbis Romae* (»Wunderwerke der Stadt Rom«). Ausführlich werden darin antike und christliche Bauten beschrieben. Demgegenüber werden nur einzelne Kirchen vorgestellt, die ihre mittelalterliche Gestalt weitgehend bewahrt haben und den Geist dieser Zeit besonders deutlich spiegeln. Neben die Mosaike an den Wänden treten nun zunehmend Fresken – ein besonders eindrucksvoller Zyklus des 12. Jh.s mit biblischen Darstellungen findet sich in S. Giovanni a Porta Latina. Die hohen, schlanken Backsteintürme dieser Kirchen, auch ein Kennzeichen der Epoche, stehen heute meist im Schatten der später errichteten Kuppeln.

S. Prassede: Die Kirche in der Nähe von S. Maria Maggiore gehört zu den Neubauten des frühen Mittelalters und hat ihre Gestalt des 9. Jh.s weitgehend bewahrt. Geweiht ist sie Praxedis, der zweiten Tochter des Pudens und Schwester der Pudentiana (s. o. S. 110). Sie wurde für deren Gebeine errichtet, die aus einer Katakombe überführt wurden; wie in St. Peter legte man dafür eine Ringkrypta an. Auch das Apsismosaik, das an frühere Darstellungen anknüpft, ist ein Zeichen der »karolingischen Renaissance«. Es zeigt die beiden Frauen neben Christus mit Petrus und Paulus. In der Palme links davon ist ein farbiger Vogel mit Strahlenkranz zu erkennen. Dabei handelt es sich um den Phönix, der ursprünglich aus dem ägyptischen Sonnenkult stammt: Der Vogel Benu erscheint im Abstand von mehreren hundert Jahren immer wieder, lässt sich auf einem Obelisken/einer Säule nieder, verbrennt in der Morgensonne und ersteht aus der Asche zu neuem Leben. Das Christentum hat diese Vorstellung früh aufgegriffen, und schon im 1. Clemensbrief (s. o. S. 81) wird sie auf die Auferstehung Christi bezogen. Der Bogen vor der Apsis ist gefüllt

Santa Prassede (Innenraum)

Santa Prassede (Mosaik in der Zeno-Kapelle)

mit Motiven aus der Apokalypse, die in dieser Zeit immer häufiger gelesen wird: Lamm, Buch mit sieben Siegeln, sieben Leuchter der Gemeinden, Engel und vier Wesen. 24 Älteste bringen dem Lamm Kränze dar. Und auf dem eigentlichen Triumphbogen (vor dem Querhaus) ist ein gewaltiges himmlisches Jerusalem abgebildet.

Ein zusätzliches Kleinod ist die kreuzförmige Kapelle S. Zenone, das Mausoleum der Papstmutter Theodora. An der goldgrundigen Decke sind ein Christusmedaillon und vier Engelsgestalten dargestellt, im linken Rundbogen Agnes, Praxedis und Pudentiana. Die schmuckvolle Ausstattung hat der Kapelle auch die Bezeichnung »Paradiesgarten« eingetragen. In einer Nische rechts neben der Kapelle steht ein angebliches Fragment der Geißelungssäule, das nach dem Kreuzzug von Friedrich II. im Jahr 1223 nach Rom kam.

S. Clemente: Die mit dieser Kirche zwischen Kolosseum und Lateran verbundenen Clemens-Legenden führen bis in biblische Zeit zurück, da der Namensgeber mit dem Konsul des 1. Jh.s (s. o. S. 95) oder mit einem seiner Freigelassenen identifiziert wurde und der Bau als auf seinem Grund errichtet galt.

Der heutige Bau, der ab 1110 nach der Zerstörung der Vorgängerkirche durch die Normannen 1084 neu errichtet wurde, ist mit seiner Ausstattung ein Musterbeispiel mittelalterlicher Architektur und Kunst sowie Zeichen für eine erneute »Wiedergeburt« Roms. Das Mosaik in der Apsis ist möglicherweise

San Clemente: Apsismosaik mit dem Kreuz als Lebensbaum

das eindrucksvollste in Rom – ein »Weltbild« im Kleinen: Das zentrale Kreuz (nun mit Gekreuzigtem und zwölf Tauben auf den Kreuzbalken) wächst als Lebensbaum aus einem Weinstock heraus; zu dessen Füßen trinken Hirsche aus vier Flüssen und stehen zwei Pfauen, die wegen der angeblichen Unverweslichkeit ihres Fleisches als Symbol der Unsterblichkeit galten. In den Ranken finden sich die sitzenden vier abendländischen Kirchenväter, aber auch weltliche Szenen (z. B. eine Frau, die Hühner füttert), am Triumphbogen die Propheten Jeremia und Jesaja mit Texten, die auf den Gekreuzigten bezogen werden, sowie Laurentius mit dem Rost und Clemens mit dem Anker, der ihm um den Hals gehängt wurde, um ihn im Asowschen Meer zu versenken, wo er der Legende zufolge im Exil starb. Der erläuternde lateinische Text unter dem Mosaik lautet übersetzt: *»Vergleichen wir die Kirche mit diesem Weinstock, den das Gesetz zum Verdorren, das Kreuz aber zum Leben bringt.«*

Die Kapelle S. Caterina ist ein Juwel der Frührenaissance: Die Bilder aus der Zeit um 1430 stammen von Masaccio oder Masolino und bebildern u. a. die Legende der Katharina von Alexandria, die mit ihrer christlichen »Weisheit« heidnische Philosophen überwindet.

Unter dieser Kirche fand man bei Ausgrabungen im 19. Jh. zunächst die Reste einer Basilika, die unter Bischof Siricius (384–399) errichtet worden und breiter als die spätere Oberkirche war. Mehrere Freskenreste aus verschiedenen Jahrhunderten sind erhalten. Ein Gemälde aus dem 6. Jh. zeigt Maria in Gestalt einer byzantinischen Kaiserin, weitere aus dem 9. und 11. Jh. bebildern Leben, Wunder und Überführung des Clemens, wie sie auch in der *Legenda aurea* geschildert werden. Ebenfalls in der Unterkirche befindet sich das Grab des Cyrill, der im 9. Jh. die Reliquien des Clemens von der Krim zurück nach Rom brachte und mit seinem Bruder Method große Bedeutung für die Missionierung der Slawen hatte.

Darunter kamen Mauern zum Vorschein, die tatsächlich ins 1. Jh. zurückreichen. Sie gehörten zu einem Gebäude, das in der Mitte des 2. Jh.s umgebaut wurde. Um 200 wurde ein Innenhof des Komplexes überdacht und in ein Mithräum umgewandelt, das heute noch zu sehen ist. Und in der zweiten Hälfte des 3. Jh.s entstand daneben und zum Teil darüber ein Saal mit weiten Zugängen, in dem manche eine Hauskirche oder die Eingangshalle zu dieser Kirche des *titulus Clementis* sehen. Deren Mauern wurden in die Kirche des 4. Jh.s einbezogen. Somit ist in dieser Kirche tatsächlich ein Gang durch fast alle Epochen römischer Kirchengeschichte möglich!

Mithräum unter San Clemente

Silvester-Kapelle in Santi Quattro Coronati: Fresko mit Darstellung der Zambri-Legende

SS. Quattro Coronati und die Kapelle S. Silvestro: Nicht weit von S. Clemente Richtung Lateran liegt die »Kirche der vier Gekrönten«. Sie ist vier Märtyrern gewidmet und zusammen mit ihrem Kreuzgang (dem ersten in Rom) ebenfalls ein Beispiel für die Neubauten nach der Normannenzerstörung. Bedeutendes Zeugnis der mittelalterlichen Selbstinszenierung des Papsttums ist aber vor allem der Freskenzyklus in der angrenzenden Kapelle, die Bischof Silvester, dem Zeitgenossen Konstantins, gewidmet ist. Der Zyklus stammt von 1246 und damit aus der Zeit, als der Streit zwischen Papst Innozenz IV. und Kaiser Friedrich II. um die Rolle von weltlicher und geistlicher Herrschaft seinen Höhepunkt erreicht hatte. Die hervorragend erhaltenen Malereien schildern das aus päpstlicher Sicht »vorbildliche« Verhältnis zwischen den beiden Größen Staat und Kirche, wie es auch in der *Legenda aurea* beschrieben ist: Der aussätzige Kaiser Konstantin wird nach einer Erscheinung von Petrus und Paulus von dem aus der Verbannung zurückgeholten Bischof Silvester getauft und geheilt. Daraufhin übernimmt der Kaiser den Dienst des Reitknechts für diesen und überreicht ihm als Zeichen der umfassenden Herrschaft das kegelförmige Phrygium, die Vorform der Tiara, die – bald darauf mit einer dreifachen Krone geschmückt – die Beanspruchung der kaiserlichen und geistlichen Macht durch den Papst symbolisiert(e). Auch das anschließend in der *Legenda aurea* erzählte Streitgespräch zwischen Silvester und zwölf gelehrten Juden, das den Kaiser überzeugt, nicht – wie von Helena gewünscht – den jüdischen, sondern den christlichen Glauben anzunehmen, ist in der Kapelle dargestellt: Rabbi Zambri tötet einen wilden Stier mit Hilfe des Gottesnamens, Silvester erweckt ihn zum Leben.

Santa Maria in Cosmedin innen

S. Maria in Cosmedin: Die kaiserliche »Gegenposition« bezüglich des Verhältnisses von Herrscher und Papst findet sich nicht weit von dort in der Marienkirche am Forum Boarium dargestellt. Die Kirche war im 6. Jh. in ein Gebäude des 4. Jh.s, das als Sitz des für die Getreideversorgung zuständigen Präfekten der Annona diente, hineingebaut worden – im westlichen Teil sind die antiken Säulen noch gut zu erkennen, in der Krypta auch Tuffquader des Fundaments des benachbarten Herkulestempels. Mit ihren Speichern in den Nebenräumen diente sie als *diaconia* weiterhin der Versorgung der Bevölkerung und wurde im 8. Jh. erweitert, als im Zuge des Bilderstreits viele Griechen aus Konstantinopel nach Rom strömten – der Beiname der Kirche erinnert an einen Platz in der oströmischen Kaiserstadt. Nach einer Barockisierung wurde der Bau später in den Zustand des 12. Jh.s zurückversetzt: Aus dieser Zeit stammen auch – ähnlich wie in S. Clemente – das Altarziborium, die Schola cantorum mit Osterleuchter und Kanzeln sowie ein wunderbarer Cosmaten-Fußboden (diese kunstvollen Marmormosaiken sind benannt nach der römischen Familie, die die Kunstform entwickelt hat). Der Bau dient heute der griechisch-katholischen Gemeinde Roms als Kirchenraum.

Leider sind die Fresken des 12. Jh.s an den Hochwänden des Mittelschiffs nur undeutlich zu erkennen. Sie zeigen an der Nordwand Szenen aus dem Leben des Königs Nebukadnezar gemäß dem Buch Daniel, an der Südwand dagegen (teils legendarische) Szenen aus dem Leben Karls des Großen (wobei lediglich neun von zwölf Bildern erhalten sind), darunter seinen Auszug aus St. Peter nach der Krönung, die Schlacht bei Verden, Gottes Auftrag zum Kreuzzug gegen die Mauren, die Befreiung Santiagos, die Unterwerfung des Kalifen und seinen Tod. Die Botschaft lautet: Nicht ob Kaiser oder Papst die Vorherrschaft ausüben soll, ist die Frage, sondern, von welcher Qualität und Art die Herrschaft des Kaisers ist.

Besucht wird die Kirche von vielen Touristen allerdings in erster Linie wegen der sogenannten Bocca della verità, die an der Seitenwand der Vorhalle angebracht ist. Möglicherweise handelt es sich ursprünglich um einen Kanaldeckel der Cloaca Maxima, der den Meergott Triton darstellt; im Mittelalter kam die Legende auf, wer mit der Hand in der Öffnung einen Meineid schwöre, werde diese Hand verlieren.

S. Maria in Trastevere: Neben den Kirchen S. Cecilia und S. Crisogono ist S. Maria die bedeutendste Kirche in jenem Stadtteil, der einst die Heimat der wohl ältesten und bedeutendsten jüdischen Gemeinde Roms war. Die erste christliche Kirche hier wurde im 4. Jh. errichtet; damals wurde eine »Ölquelle« am Ort mit der Geburt Christi in Verbindung gebracht. Der heidnische Autor Dio Cassius hatte deren wundersames Entspringen unter den Vorzeichen für das Jahr 38 v. Chr. genannt, Hieronymus bezeichnete dann eine Taverne am Ort der späteren Kirche als Ort des Geschehens. Bis heute weist ein Text vor der rechten Chorschranke auf die *fons olei*, die »Quelle des Öls« hin:

> *»Von hier aus floss das Öl, als Christus durch die Jungfrau leuchtete; / hier auch wird Vergebung geschenkt, von wem immer sie erbeten wird. / Hier entspringt das Öl, wie der Gott von der Jungfrau; / nach beiden Seiten der Welt hin ist Rom, durch das Öl geheiligt, das Haupt.«*

Und an der Decke heißt es:

> *»In diesem ersten Tempel der Mutter Gottes,*
> *einst einer billigen Taverne,*
> *hat von Öl ein Quell, aus dem Boden hervorbrechend, Christi Geburt angekündigt.«*

Santa Maria in Trastevere

Der heutige Kirchenbau stammt im Wesentlichen aus der Zeit von Innozenz II. (1130–1143). Weite des Mittelschiffs und Stil (u. a. der klassische Architrav über ionischen Säulen) zeigen die »Wiedergeburt« der spätantiken Formen im 12. Jh. Meisterwerke der mittelalterlichen Kunst sind die Mosaiken der Kirche: An der Fassade thront im Zentrum eine Maria, die das Jesuskind stillt (eine christliche Übernahme der Bildidee von Isis mit dem Horusknaben), umgeben von den klugen und törichten Jungfrauen. In der Apsis greift das zentrale Bild um 1140 (wie in S. Maria Maggiore) das Thema der Marienkrönung auf – Maria sitzt mit Christus auf einem Thron, bildet

Liegefigur der Katharina von Siena unter dem Altar von Santa Maria sopra Minerva

aber (noch) nicht das Zentrum der Komposition, sondern ist eher den Heiligen an der Seite Christi zugeordnet. Schon in die Zukunft weisen die Bilder zum Marienleben in der Apsisnische: Etwa 100 Jahre später entstanden, deuten sie mit ihren Landschaften und der Architektur im Hintergrund schon Elemente der Renaissancekunst an.

Die Kirche wird heute von der Kommunität S. Egidio (so heißt die kleine Kirche in der Nähe), einer im 20. Jh. entstandenen »Basisgemeinde«, betreut, die sich intensiv der Versöhnungsarbeit und der Sozialfürsorge widmet – so verwandelt sich die Kirche z. B. am Heiligabend in einen riesigen Speisesaal für Bedürftige. Hier im traditionellen Viertel der Armen und der frühen Christen sind sie ganz sicher am rechten Ort.

S. Maria sopra Minerva: Die Kirche steht an der Stelle des ehemaligen Tempels der Isis auf dem Marsfeld (s. o. S. 37). Weil man Isis mit Minerva, der römischen Entsprechung von Athene identifizierte, bekam die im 8. Jh. errichtete Kirche den heutigen Beinamen. Ab 1280 wurde sie von den Dominikanern neu errichtet, und zwar konsequent im gotischen Stil, der die Predigtkirchen des neuen Ordens in ganz Europa prägte. Sie ist damit ein Unikum im ansonsten »konservativen« Rom. Man hielt an dem ursprünglichen Plan fest, bis 1480 die Kreuzgratgewölbe eingezogen wurden – zu einer Zeit, als anderswo längst die Formen der Renaissance vorherrschten. Lediglich die Fassade wurde der neuen Formensprache angepasst.

Tatsächlich steht die Kirche in mehrfacher Hinsicht für den Übergang vom mittelalterlichen Rom zum Rom der Renaissance. Hinter der Sakristei befindet

Santa Maria sopra Minerva (Innenraum)

sich das Sterbezimmer der Katharina von Siena (1347–1380). Diese Mystikerin hatte Gregor XI. in Avignon aufgesucht und überzeugt, nach Rom zurückzukehren. Der Schrein mit den Reliquien dieser bedeutenden Kirchenlehrerin (diesen Titel erhielt sie 1970) befindet sich unter dem Altar.

Die sogenannte Carafa-Kapelle südlich des Querschiffs ist mit Fresken des Filippino Lippi von 1493 ausgestattet. An der Stirnwand befindet sich als

Altarbild eine Darstellung der Verkündigung, darüber eine der Himmelfahrt. An der rechten Seite thront unter einem gemalten Baldachin (und vor der Kulisse Roms mit Lateran und Marc-Aurel-Statue) Thomas von Aquin (1225–1274), der bedeutendste Theologe des Dominikanerordens. Das von ihm gehaltene Buch verkündet: *»Die Weisheit der Weisen vergeht«* (Jes 29, 14), und die Gestalten um ihn herum stehen für alle Ketzer – im Zentrum Arius und Sabellius. Neu an Thomas' Theologie war z. B., dass er in seiner »Summe gegen die Heiden« versuchte, nur mit Vernunftargumenten (und nicht mit Schriftzitaten) zu arbeiten. Während aber hier der Kampf gegen die Irrlehrer nur mit Worten geführt wird, setzten die Inquisitoren des Dominikanerordens später auch die Folter ein. Und weil diese hier ihren Sitz hatten, fand im hiesigen Kloster auch der Prozess gegen Galilei statt (s. u. S. 156 f.).

Obelisk vor Santa Maria sopra Minerva

Bereits ganz der neuen Zeit zugehörig ist die Plastik des Auferstandenen mit Kreuz des Michelangelo am Pfeiler vor dem Chorraum. Er verkörpert das Ideal des »neuen Menschen« – ob diese Art der Darstellung des Lebens der zukünftigen Welt heute noch hilfreich ist, um die biblische Botschaft sichtbar zu machen, sei dahingestellt.

Vor der Kirche trägt ein von Bernini geschaffener Elefant einen der beiden Obelisken, die einst zum Isistempel gehörten. Die Inschrift von 1667 dazu lautet:

> *»Dass des weisen Ägypten in den Obelisken eingehauene Schriftzeichen von einem Elefanten, dem stärksten der Tiere, getragen werden – wer immer das hier sieht, verstehe es als ein Lehrstück, dass es eines robusten Geistes bedarf, eine solide Weisheit auszuhalten.«*

V. Das Rom der Renaissance

Die Engelsburg (Castel Sant'Angelo), ursprünglich gebaut als Mausoleum für Kaiser Hadrian

Nachdem Papst Urban V. bereits zeitweise wieder in Rom residiert hatte, kehrt mit Gregor XI. im Jahr 1377 zumindest *ein* Papst ganz dorthin zurück. Aber es gibt weiterhin mehrere Päpste: Wenig später wählen französische Kardinäle einen Gegenpapst, der wieder in Avignon residiert, und 1408 kommt ein weiterer in Pisa hinzu.

Eine Voraussetzung für die Rückkehr war, dass seit 1376 die Engelsburg, vorher Familiensitz der Adelsfamilie Orsini, nun als Festung und Fluchtburg für den Papst zur Verfügung stand. Das einstige Mausoleum von Kaiser Hadrian bzw. seiner Urne hatte schon in der Völkerwanderungszeit als Festung gedient und seinen Beinamen erhalten, weil zur Zeit Gregors I. angeblich ein Engel auf seiner Spitze erschien, der durch das Einstecken seines Schwertes das Ende einer Pest angekündigt hatte. Im 9. Jh. war sie in die Stadtmauer des neuen Borgo-Viertels einbezogen worden und wurde bald zu einem Festungspalast ausgebaut und entsprechend ausgemalt.

Als erstes Zeichen der erneuerten Präsenz und des damit verbundenen Anspruchs errichtete der Papst aber den Turm von S. Maria Maggiore; der höchste Kirchturm der Stadt bildete nun auch den höchsten Punkt in ihr. Nicht mehr die Kommune mit ihrer »Himmelstreppe« am Kapitol, sondern der Papst war nun (wieder) zuständig für die Verbindung zum Himmel.

Das Konzil von Konstanz (1414–1418) beseitigte durch die Wahl von Martin V. (1417–1431) zwar das Schisma zwischen den drei Päpsten, definierte aber auch die Oberhoheit des Konzils über die Päpste – was diese in den folgenden Jahrhunderten durch Interpretation und bildliche Propaganda vergessen zu machen suchten. Es dauerte jedoch noch ein paar Jahrzehnte, bis das »päpstliche Rom« auch gestalterisch sichtbar wurde. Nikolaus V. war es, der 1455 auf dem Sterbebett seinen Vertrauten Bauten ans Herz legte, »die in ihrer Erhabenheit ewig, wie von Gott errichtet« erscheinen. Sie sollten die Ewigkeit der christlichen Lehre durchscheinen lassen und *devotio*, Frömmigkeit und Unterwerfung unter das Haupt der Kirche, hervorrufen. Die ganze Stadt sollte so zu einer »Armenbibel« *(biblia pauperum)* werden, die die Macht Gottes und seiner Kirche zeigt. Sein Nachfolger Sixtus IV. wurde wegen der von ihm errichteten Bauten bereits als *renovator* (Erneuerer) oder *conditor urbis* (Gründer der Stadt) gefeiert.

In den nächsten Jahrzehnten entstanden diese Bauten. Grundlage des neuen Reichtums, der sie ermöglichte, war zum einen die zunehmende Praxis, kirchliche Ämter zu »verkaufen« – die Gebühren für die mit der Amtsverleihung verbundenen Urkunden etc. waren so hoch, dass reichlich Geld in die päpst-

Kuppel der Chigi-Kapelle in Santa Maria del Popolo

liche Kasse floss. (Der Ausdruck »Simonie« für diese Praxis leitet sich von dem bereits erwähnten Simon Magus [s. o. S. 48] ab, der lt. Apg 8, 18 die Gabe der wirksamen Handauflegung gegen Geld erhalten wollte.) Hinzu kam, dass nun die Päpste wirklich Herren im Kirchenstaat waren – entsprechend konnten Steuern eingezogen werden. Um diese Macht zumindest für die Zeit ihres Pontifikates für sich und ihre Familie zu bewahren, besetzten die Päpste viele Ämter mit Verwandten – dieses System des Nepotismus (vom griech. *nepos* = Neffe) entsprach in gewisser Hinsicht der altrömischen Tugend der *pietas*, die ebenfalls einschloss, dass der »Familienvater« die Seinen versorgen musste.

Baulich hatte Rom schon mehrfach eine »Renaissance« im Sinne einer Wiederbelebung antiker Traditionen und Bauformen erlebt: Immer wieder hatte man in Kirchen antike Bauteile wiederverwendet. Nun versuchte man systematisch »zurück zu den Quellen« zu gehen. Doch bedeutete das in Rom nicht unbedingt, dass man auch zur Einfachheit der Anfänge zurückfand. Und so bleibt für Betrachter aus anderen Ländern oder Zeiten ein Widerspruch bei der Bewertung der kulturellen und der religiös-kirchlichen Leistung dieser Päpste.

Die Umwandlung antiker Bauten erreichte in dieser Zeit noch einmal einen letzten Höhepunkt: Um 1560 errichtete Michelangelo in den gewaltigen Diokletiansthermen die eindrucksvolle Kirche S. Maria degli Angeli. Seine Berufung nach Rom brachte auch jenen Prozess zum Abschluss, der Ende des 15. Jh.s begonnen hatte: Immer mehr Künstler erhielten – dank der neuen finanziellen Möglichkeiten – päpstliche Aufträge, und Anfang des 16. Jh.s hatte Rom unter Papst Julius II. Florenz als Kunstmetropole abgelöst.

Im Stadtbild sind es zahlreiche Villen und Paläste, die von der neuen Formensprache geprägt sind. Der früheste von ihnen ist der Palazzo Venezia, ein Anbau an die frühchristliche Kirche S. Marco, in Auftrag gegeben von Julius II., einem Venezianer, der später tatsächlich in den Besitz der Republik Venedig kam. Weitere herausragende Beispiele sind der Palazzo della Cancelleria (Sitz der päpstlichen Verwaltung) und die Villa Farnesina, errichtet für den Bankier Agostino Chigi (zu dessen Grabkapelle s. u. S. 138), die mit ihrer Ausmalung und Gartenanlage das vielleicht eindrucksvollste profane Gesamtkunstwerk ihrer Zeit darstellt. Die Malereien, u. a. von Raffael und Sodoma, zeigen antike Stoffe, so das Märchen von Amor und Psyche aus dem »Goldenen Esel« des Apuleius und – im Schlafgemach – die Hochzeit Alexanders des Großen mit der persischen Königstochter Roxane. Doch auch die Reformation hat ihre Spuren hinterlassen (s. u. S. 147).

Die vielleicht bedeutendsten Kunstwerke dieser Zeit befinden sich im Inneren des Vatikanischen Palastes, in dem die Päpste nun (an Stelle des Lateranpalastes) residieren. Dabei sind diese Kunstwerke, auch wenn sie biblische Motive darstellen, oft Teil der päpstlichen Propaganda. Die wichtigsten Auftraggeber sind zwei besonders dynamische Päpste, die aus der Familie della Rovere stammen – Sixtus IV. (1471–1484) lässt die nach ihm benannte Kapelle ebenso mit großartigen Malereien ausstatten wie Julius I. (1503–1513) die sogenannten Stanzen, nachdem bereits Nikolaus IV. (1288–1292) die alte, nach ihm benannte Palastkapelle von Fra Angelico mit Stephanus- und Laurentiusfresken hatte verzieren lassen.

Capella Sistina: In ihrer rechteckigen Form und den Maßen orientiert sich die Kapelle an den Proportionen des Salomonischen Tempels (vgl. 1 Kön 6) – der ja zunächst auch eine Art »Palastkapelle« war. Berühmt sind vor allem die von Michelangelo bemalte Decke und das »Jüngste Gericht« – dabei werden die früheren Werke an den Wänden manchmal fast übersehen, die 1482–1483 von den größten Künstlern ihrer Zeit geschaffen wurden.

Deckengemälde von Michelangelo in der Sixtinischen Kapelle

Die Künstler aus der Toskana und Umbrien brachten die in den vorhergehenden Jahrzehnten entwickelte neue Malweise der Renaissance mit, stellten ihre Bilder aber weiterhin in den Dienst der christlichen und päpstlichen Verkündigung. Auf einer ersten Ebene machten sie noch einmal die Überzeugung sichtbar, dass Ereignisse des Lebens Jesu Vorbildern im Alten Testament entsprechen und dieses dadurch erst in seinem eigentlichen Sinn verständlich wird. So werden an den Wänden gegenübergestellt: Beschneidung des Mose und Taufe Jesu (beide von Perugino), Vorgeschichte des öffentlichen Auftretens von Mose und Jesus (beide von Botticelli), Durchzug durchs Rote Meer (von Rosselli) und Berufung der ersten Jünger (von Ghirlandaio), Gesetzgebung am Sinai und Bergpredigt Jesu (von Rosselli), Abschiedsrede und Tod des Mose (von Signorelli) und Letztes Abendmahl (von Rosselli). Wie sehr diese Szenen auf einer zweiten Ebene aber auch in ihrem Gegenwartsbezug gesehen wurden, machen insbesondere die Bilder zu den Jüngern des Mose und Jesu deutlich: Auf der einen Seite zeigt Botticelli die dreifache Auflehnung von Korach, Datan und Abiram (4 Mose 16), der Söhne Aarons (3 Mose 10) und der Israeliten (4 Mose 14) gegen Gott und seinen Gesandten einschließlich der göttlichen Strafe. Der Triumphbogen im Hintergrund »verlegt« die Szene eindeutig nach Rom. Gegenüber zeigt Perugino die Schlüsselübergabe an Petrus; die anderen Apostel stehen fraglos dabei: Zusammen bilden die beiden Gemälde sozusagen ein Gesamtbild, in dem sich Ablehnung, Kampf und (erhoffter) Sieg des Papsttums spiegeln.

Die 1508–1513 von Michelangelo gestaltete Decke zeigt in den Ecken noch einmal alttestamentliche Rettungsbilder. Zu sehen sind die Erhöhung der Schlange in der Wüste (4 Mose 21,8 f.), Davids Sieg gegen Goliat (1 Sam 17,41–51), Judit tötet Holofernes (Jud 13,8–10), Bestrafung Hamans und Rettung der Juden (Est 7). Durch die rahmenden Propheten und Sibyllen wird der Zusammenklang biblischer und antiker Weisheit deutlich gemacht (s. o. S. 22). Die Szenen der Urgeschichte (Trennung von Licht und Finsternis, Erschaffung der Gestirne, Trennung von Wasser und Land, Erschaffung Adams, Erschaffung Evas, Sündenfall, Bund mit Noach, Trunkener Noah) hat Michelangelo nicht nur in umgekehrter Reihenfolge gemalt, so dass man von einem Prozess der Reifung und Vereinfachung beim Künstler sprechen kann, vielmehr entspricht diese Reihung auch dem Blick des Betrachters, der die Kapelle vom Haupteingang her betritt. So wird der Weg der Betrachtung auch zu einem Weg aus der »Trunkenheit« dieser Welt zur immer größeren Einfachheit und Einheit, bei dem am Ende auch die bildhafte Dar- und Vorstellung Gottes aufhört. Möglicherweise spiegelt sich darin auch das erneuerte christlich-neuplatonische Konzept vom Weg des Menschen aus der Verstrickung in Sünde zurück zu Gott.

Das erst später, um 1541 fertiggestelle Gemälde des Jüngsten Gerichts an der Ostwand bildet sozusagen das Altarbild der Kapelle. Die, verglichen mit der Tradition, ungewöhnliche Darstellung mit einem jugendlich-nackten Christus im Zentrum ist ein einziger Wirbel von 390 Leibern: Links unten entsteigen die Toten der Erde, der Blick umkreist die Mitte mit den Aposteln und Heiligen, und rechts unten werden die Verdammten von Charon, dem Fährmann der griechischen Mythologie (!), über den Unterweltfluss in die Hölle begleitet. So wenig Heilsgewissheit, so wenig klare Belehrung über Verdienst und Gnade vermittelte das Bild, dass sein Schöpfer bisweilen in Verdacht geriet, der lutherischen Irrlehre anzuhängen. Und zumindest moralisch waren die nackten Leiber nach dem Konzil von Trient so bedenklich, dass sie 1564 vom »Höschenmaler« Daniele da Volterra zumindest teilweise übermalt werden mussten.

Die Stanzen des Raffael: Ab 1508 wurden vier Gemächer des päpstlichen Palastes durch den aus Urbino stammenden Raffael ausgemalt. Berühmtestes Fresko ist die »Schule von Athen« in der Stanza della Segnatura (dem Unterschriftenzimmer): Die berühmtesten Philosophen des Altertums bilden eine »Gesprächsgemeinschaft«, und schon die Ähnlichkeit des meist als Platon gedeuteten Philosophen in der Mitte mit traditionellen Paulusdarstellungen sowie die Lokalisierung der Szene in einer Architektur, die an St. Peter erinnert, deutet an, dass die Botschaft der Zeit und dieses Raumes die »Symphonie« von Wissen und Glaube ist. Deshalb korrespondiert das Fresko auch mit der gegenüberliegenden sogenannten Disputation über das Altar-Sakrament. In diesem Bild versammeln sich »Himmel und Erde« um die zentralen Geheimnisse des Glaubens, die die Mittelachse des Bildes bilden: Dreifaltigkeit und eucharistisches Brot.

Doch auch in diesen Repräsentationsräumen ist noch einmal das Thema der Auflehnung und des unrechtmäßigen Angriffs auf das Heiligtum und seinen Vorsteher in Form von biblischen (Vor-)Bildern präsent. Der Saal des Heliodor zeigt, wie der Kanzler des Seleukidenherrschers sich Zugriff auf den Tempelschatz von Jerusalem verschaffen will und von Gott gestraft wird (vgl. 2 Makk 3). Zwei weitere Bilder schildern die Begegnung von Leo I. mit dem

Sogenannte »Disputa« (Fresko von Raffael in der Stanza della Segnatura)

Hunnenkönig Attila 432, bei der Ersterer eine Schonung Roms erreicht, und die Befreiung Petri aus dem Kerker – eine der ersten Nachtszenen der europäischen Malerei. Auch hier tragen die Päpste die Züge der aktuellen Amtsinhaber. (Die beiden anderen Säle sind die Sala dello Costantino und die Stanza dell'Incendio di Borgo.)

S. Maria del Popolo: Bei dieser Kirche handelt es sich um einen der repräsentativsten Kirchenbauten der Renaissance in Rom. Seine Vorgeschichte reicht jedoch weiter zurück: Papst Paschalis II. ließ 1099 einen Baum an dieser Stelle fällen, in dem – dem Volksglauben zufolge – der Geist des in der Nähe begrabenen Nero wohnte. Als Dank für die Eroberung Jerusalems durch den ersten Kreuzzug errichtete er stattdessen eine Marienkirche.

»Schule von Athen« (Ausschnitt)

Santa Maria del Popolo

Der heutige Neubau entstand unter Sixtus IV. (1471–1484). Der organische Aufbau der Fassade und das Innere der kreuzförmigen Pfeilerbasilika mit Kuppel sind ein Musterbeispiel der Renaissance-Architektur.

Auch die kostbare Ausstattung ist von der »neuen Zeit« geprägt. In den Gewölben des Chorraums finden sich Fresken von Pinturicchio mit der Krönung Mariens, den Evangelisten, Sibyllen und Kirchenvätern. Neben zahlreichen Grabmälern ist aber vor allem die Cappella Chigi, die sich ans linke Seitenschiff anschließt, ein Gesamtkunstwerk im Kleinen: Errichtet wurde sie nach Plänen von Raffael für den Bankier Agostini Chigi, der unter Julius II. das Finanzwesen der Päpste beherrschte. Über einem Grundriss in Form eines griechischen Kreuzes erhebt sich der harmonische Bau mit einer Kuppel, in deren Zentrum ein Mosaik Gott als Schöpfer des Sternenhimmels zeigt. Pyramidenförmige Grabmäler stehen vor den Wänden, links und rechts des Altares (teilweise erst von Bernini geschaffene) Skulpturen von Jona, Daniel, Elija und Habakuk. Ebenfalls aus späterer Zeit stammen die Caravaggio-Gemälde in der Cerasikapelle am linken Querhaus (s. u. S. 154 f.).

Vor der Kirche, im Zentrum der Piazza del Popolo, steht ein Obelisk aus Heliopolis, der von Augustus einst im Circus Maximus aufgestellt worden war. Die Inschrift am Fuß dieser »Sonnennadel« lässt ihn sagen:

> *»Vor dem heiligen Gotteshaus (der Maria) rage ich erhabener und freudiger auf, aus deren jungfräulichem Leib, während Augustus (der Erhabene) herrschte, die Sonne der Gerechtigkeit aufgegangen ist.«*

Die direkt neben der Kirche liegende Porta del Popolo war der »Eingang« zur Stadt für die aus dem Norden kommenden Pilger. 1655 wurde die Außenseite anlässlich des Einzugs der Königin Christina von Schweden von Bernini neu gestaltet. Die exzentrische Tochter Gustav Adolfs, des Retters der evangelischen Sache im Dreißigjährigen Krieg, hatte 1654 abgedankt, war zum Katholizismus übergetreten und ließ sich nun in Rom nieder. Ihr Aufenthalt und ihre »Verewigung« in Rom (als erste Frau wurde sie im Petersdom begraben!) war für das Papsttum ein ständiger Triumph über den Protestantismus – dessen Begründer 1511 vermutlich ebenfalls durch dieses Tor die Stadt betreten hatte.

Obelisk vor Santa Maria del Popolo, dahinter die Porta del Popolo

Santa Maria del Popolo: Cappella del Crocefisso

Exkurs: *Babylon und Antichrist? Luther und Rom*

Kritik aus dem Norden an Rom bzw. an der Amtsführung von Päpsten und Kurie gab es bereits vor der Reformation. Schon Martin V. (1417–1431) hatte vom Konzil in Konstanz eine Liste mit Kritikpunkten und Mängeln mitgebracht. Zu den Forderungen gehörten u. a. Besetzung von Ämtern nach sittlicher und fachlicher Eignung, Verbot von Ämterkauf und Ämterhäufung, Internationalisierung der Kurie und Reduzierung der Verwaltungsposten. Diese Liste wurde in der Folge nicht abgearbeitet; dadurch hatte »Rom« vor allem im Deutschen Reich weiterhin einen schlechen Ruf.

Dennoch hatte der junge Luther noch ein positives Bild von der Stadt. Als er im Auftrag des Generalvikars seines Ordens, Johann von Staupitz, vermutlich im Sommer 1511, nach Rom kommt, ruft er aus: *»Sei gegrüßt, heiliges Rom, geheiligt durch die Märtyrer und ihr Blut, das sie hier vergossen haben.«* In Rom wohnte er vermutlich im Konvent der Augustinereremiten bei S. Maria del Popolo (der später beim Sacco di Roma weitgehend zerstört wurde). Eine Kapelle im linken Seitenschiff gilt als Ort, wo Luther die Messe gefeiert hat – die schlichte Gestaltung mit einem großen Kreuz im Zentrum (und Bildern von der Auffindung und Rückführung des Kreuzes durch Helena bzw. Heraklius) passt immerhin zu seiner späteren Theologie. Allerdings wurden den Brüdern vermutlich jeweils wechselnde Altäre für die tägliche Feier der Messe zugewiesen. Dass es dabei nicht immer zimperlich zuging, weiß noch der alte Reformator:

> *»Es ekelte mich sehr, wie sie so fein rips raps die Messe halten konnten, als trieben sie ein Gaukelspiel. Denn ehe ich zum Evangelium kam, hatte mein Nebenpfaffe schon eine Messe zu Ende gebracht und schrie mir zu: passa, passa, immer weg, mach Schluss.«*

Nicht ganz unmöglich ist auch, dass Luther im zweiten römischen Kloster des Ordens bei S. Agostino wohnte, wo auch der Generalprior des Ordens, Egidio da Viterbo, residierte. Vor diesem sollte Luther vermutlich den Versuch einer Union verschiedener Zweige seines Ordens verteidigen – ob er erfuhr, dass de Viterbo als Humanist ein reformiertes goldenes Zeitalter mit besseren Klerikern erhoffte und dass er zudem Michelangelos theologischer Berater beim Entwurf des Bildprogramms der Sixtinischen Kapelle war, das gerade von diesem umgesetzt wurde, ist zweifelhaft.

Ebenso unsicher ist, ob Luther auch das deutsche Pilgerhospiz S. Maria dell'Anima besucht hat, das in Rom seit etwa 1350 bestand. In der gerade fertiggestellten Kirche wurde wenige Jahre später Hadrian VI. bestattet. Das eindrucksvolle Grabmal mit dem Bildnis des »tod-müden« Papstes ziert ein Spruch Plinius des Älteren: *»Ach, wie viel hängt doch davon ab, in welche Zeit auch des besten Mannes Wirken fällt.«* Zu recht. Denn dieser Papst hatte kurz vor seinem Tod – doch leider zu spät bzw. folgenlos – ein »Schuldbekenntnis« für den Reichstag in Nürnberg im Januar 1523 verfasst:

> *»Wir wissen, dass es an diesem Heiligen Stuhl schon seit Jahren viele gräuliche Missbräuche in geistlichen Dingen und Exzesse gegen die göttlichen Gebote gegeben hat, ja, dass eigentlich alles pervertiert worden ist. So ist es kein Wunder, wenn sich die Krankheit vom Haupt auf die Glieder, d. h. von den Päpsten auf die unteren Kirchenführer, ausgebreitet hat. Wir alle [...] sind abgewichen, ein jeder sah nur auf seinen eigenen Weg, und da ist schon lange keiner mehr, der Gutes tut, auch nicht einer.«* (Vgl. Ps 14, 3; Röm 3, 12)

Luthers Thesen, die er 1517 in Wittenberg veröffentlichte, richteten sich dagegen zunächst nur gegen das Amtsverständnis des Papstes. These 58 lautet:

> *»Der Schatz (aus dem der Papst die Ablässe austeilt) ist auch nicht der Schatz der Verdienste Christi und der Heiligen. Denn dieser bewirkt allezeit, ohne Zutun des Papstes, die Gnade des innerlichen Menschen.«*

Doch nachdem 1520 durch die Bannbulle von Leo X. (die u. a. an der Peterskirche angeschlagen wurde) klar wird, dass dieser jegliche Kritik zurückweist, und 1521 auf der Piazza Navona Schriften und Bild Luthers verbrannt werden, wandelt sich auch dessen Rombild. Schon in seiner Schrift gegen die offizielle Antwort auf seine Thesen schreibt er:

> *»So fahre nun dahin, unseliges, verderbtes und gotteslästerliches Rom: Der Zorn des Herrn ist über dich gekommen, so wie du es am Ende verdient hast, denn trotz so vieler Gebete für dich hast du nur noch immer schlechter werden wollen. Wir haben nämlich Babylon zu bessern versucht, doch es ist nicht geheilt worden. So wollen wir es nun zurück-*

Grabmal für Papst Hadrian VI. von Baldassare Peruzzi in Santa Maria dell'Anima

> *lassen, auf dass es die Wohnstätte von Drachen, Lemuren, Larven und Hexen sei.«* (Vgl. Jes 13,21 f.)

Und in seiner Schrift »Von der Babylonischen Gefangenschaft der Kirche« greift er u. a. dieses biblische Bild auf. Schließlich wird der Papst von Luther sogar mit der biblischen Gestalt des Antichristen (vgl. 2Thess 2,1–12; 1Joh 2,18 u. ö.) identifiziert – eine polemische Gleichsetzung, die erstmals radikale Franziskaner vorgenommen hatten, als Päpste ihre Interpretation des Armutsideals nicht teilten. Dabei bleibt sein Hauptkritikpunkt, dass der Papst sich über die Heilige Schrift stellt, die für Luther die einzige »unfehlbare« Richtschnur ist.

Im Rückblick berichtet Luther auch dementsprechend kritisch über seinen Besuch in der Stadt und die dort praktizierte Frömmigkeit: Zu seinem Besuch bei der »heiligen Stiege« bemerkt er:

> *»So wollte ich in Rom meinen Großvater aus dem Fegefeuer erlösen, ging die Treppe des Pilatus hinauf, betete auf jeder Stufe ein Vaterunser. Es herrschte nämlich die Überzeugung, wer so betete, erlöse eine Seele. Aber als ich oben ankam, dachte ich: Wer weiß, ob es wahr ist.«*

Sogenannter »Facchino«

Luther und Nuntius Vergerio (Fresko in der Villa Farnesina)

Ebenfalls in seinen Tischreden erinnert er sich:

»Als ich auch so ein toller Heiliger war, lief ich durch alle Kirchen und Krypten, glaubte alles, was daselbst erlogen und erstunken ist. Ich habe auch wohl eine Messe oder zehn zu Rom gehalten, und war mir dazumal schier leid, dass mein Vater und Mutter noch lebten; denn ich hätte sie gerne aus dem Fegfeuer erlöst mit meinen Messen und andern trefflichen Werken und Gebeten mehr.«

Auch in einer seiner letzten Schriften (von 1545) kommt er noch einmal auf Rom und die Apostelgräber zurück. Sie trägt den Titel »Wider das Papsttum zu Rom, vom Teufel gestiftet«. Dort schreibt er:

»Wie wol hier sind etliche Gelehrten / die wollen / das Sanct Peter nix gen Rom sei kommen. [...] Ich will hierin nicht Richter sein. Sanct Peter sey da gewest oder nicht [...] Aber das kann ich fröhlich sagen / wie ich gesehen und gehört hab zu Rom / das man zu Rom nicht weis / wo die Cörper S. Petri und Pauli liegen / oder ob sie daliegen. Solches weis Babst und Cardinäl seer wol, das sie es nicht wissen.«

Immer wieder heißt es, eine der »sprechenden Statuen« Roms, die in Form von umgehängten »Wandzeitungen« aussprachen und -sprechen, was man nicht offen sagen mag, ähnele Martin Luther – doch besteht die Ähnlichkeit zwischen Luther und dem sogenannten »Facchino« mit seinem Weinfässchen in der Via Lata wohl nur im Barett, mit dem auch der Reformator oft abgebildet wurde. Tatsächlich dargestellt ist

Der Kampf zwischen Glaube und Irrlehre (Skulptur in Sant' Ignazio)

Luther vermutlich auf einem Fresko des Francesco Salviati von 1552 in der Villa Farnesina. Es zeigt Paul III., wie er u. a. Truppen gegen die Soldaten des Schmalkaldischen Bundes schickt, und – im Vordergrund – Luther mit dem Nuntius Vergerio bei einer Begegnung in Wittenberg im Jahr 1535, als der ihm die Einladung zum Konzil überbringt, das der Papst versprochen hat, welches aber erst zehn Jahre später zusammentritt. An anderen Stellen in Rom ist Luther bildlich nur in Form seiner Bücher präsent – so werden seine Schriften z. B. in der Jesuitenkirche S. Ignazio vom »wahren Glauben« niedergekämpft (s. u. S. 152).

VI. Das Rom des Barock

Die Vision der hl. Theresa von Avila (Plastik von Bernini in Santa Maria della Vittoria)

Parallel zum Streit um den (neuen) Glauben spielt Rom auch eine Rolle im Kampf um die Macht in Europa. Beim Krieg zwischen dem französischen König und Kaiser Karl V. (eigentlich Verteidiger des katholischen Bekenntnisses) steht der Papst auf Seiten Frankreichs. Und so kommt es 1527 zur Eroberung und Plünderung Roms durch kaiserliche Truppen, die vor allem aus protestantischen Landsknechten bestehen. Einer von ihnen ritzt deshalb *babilon* in ein Fresko der Villa Farnesina. Paradoxerweise sind es aber auch protestantische Soldaten der Schweizer Garde, die den Papst retten, der sich in die Engelsburg zurückzieht: Ihr Hauptmann stammt aus dem reformierten Zürich!

Diesen »Sacco di Roma« sehen die Reformatoren als Strafe Gottes an. In Rom aber dauert es noch Jahrzehnte, bis man sich zu einer echten Reform durchringt. Allerdings kann und will das schließlich nach Trient einberufene Konzil (1545–1563) die reformatorische Lehre nicht mehr aufgreifen und integrieren, sondern weist sie zurück. Reformbedürftig, so heißt es, sei nicht das Ganze, sondern lediglich Auswüchse und Fehlentwicklungen müssten korrigiert werden. Immerhin wird u. a. eine authentische und verbindliche Ausgabe der Bibel (Vulgata) in Auftrag gegeben. Dem protestantischen Anspruch, direkt an die Urkirche anzuknüpfen, wird aber erneut das Prinzip der Tradition und der Sukzession gegenübergestellt: Die durchgehende Folge der Päpste garantiert die Treue zum Ursprung.

Die Umsetzung dieser Reformen beginnt unter Pius V. (1566–1572) – dem ersten Papst seit dem 1294 zurückgetretenen Coelestin V., der später heiliggesprochen wird. Doch es sind vor allem andere Gestalten der Kirchengeschichte, die die Grundlage für eine geistige Erneuerung legen: Da ist z. B. Ignatius von Loyola (1491–1556), der mit seinen »Exerzitien« u. a. eine Methode entwickelt, die Erzählungen der Bibel ins eigene Leben sprechen zu lassen, und der von Rom aus als »Ordensgeneral« mit den von ihm gegründeten Jesuiten Europa und die »Neuen Welten« missioniert. Da ist sein »Gegenpol« Filippo Neri (1515–1595), der als einfacher Seelsorger in Rom für Arme, Kranke und Pilger wirkt und nicht zuletzt für seinen Humor berühmt geworden ist. Ihm ist die Wiederbelebung der »Siebenkirchenwallfahrt« zu verdanken, bei der er mit Pilgern an einem Tag die sieben Hauptkirchen Roms aufsuchte, und der Name des Raumes, wo er sich mit seinen Gefährten versammelte, das »Oratorium«, wo Laien predigten und biblische Erzählungen dramatisch vergegenwärtigt wurden, hat man schließlich auch für die musikalischen Aufführungen solcher Stoffe beibehalten. (Und wie das ungleiche Paar Petrus und Paulus an einem Tag gefeiert wird, so wurden diese beiden 1600 am gleichen Tag heiliggesprochen.)

Nach und nach werden Liturgie, Priesterausbildung und auch das Ablasswesen reformiert. Auch zahllose neue Kunstwerke und Bauten im Stil des Barock entstehen. Indem sie – insbesondere in den Kirchen – die Welt im verklärten Zustand zeigen, sollen die Sinne der Gläubigen überwältigt, zum Übersinnlichen geführt und (wo nötig) zum katholischen Glauben zurückgeführt werden. Damit verbunden sind jedoch – insbesondere in Rom – enorme Kosten, zumal auch weiterhin »Brot und Spiele« für die Massen finanziert werden müssen. Das führt dazu, dass im päpstlichen Umfeld weiterhin Nepotismus und Simonie herrschen. An diesem System ändern auch einzelne persönlich bescheidene und sozial engagierte Päpste wie z. B. Innozenz XI. (1676–1689) nichts. Und so sehr man das 17. Jh. als »Goldenes Zeitalter« Roms bezeichnen kann, so sehr ist es doch auch die Zeit der beginnenden Verschuldung, die dazu führt, dass Stadt und Papsttum im Laufe des 18. Jh.s ständig am Rande des Bankrotts stehen.

Die Gestalt der Stadt aber ist von den Bauten, die nach den Zerstörungen des Sacco (und gemäß den neuen Bestimmungen zum Kirchenbau und zur Rolle der Bilder) errichtet werden, bis heute geprägt: Sie wächst Richtung Osten über das mittelalterliche Zentrum hinaus, zahllose Kuppeln verdrängen die Glockentürme, und sie wird zum »Gesamtkunstwerk«. Besonders Sixtus V. (1585–1590) verwirklicht ein geradezu »pharaonisches« Bauprogramm. Breite, gerade Straßen sollen die Hauptkirchen miteinander verbinden, an den zentralen Kreuzungspunkten erhalten die großen Obelisken ihren neuen Platz – allein technisch eine Meisterleistung. Schon die frühen Christen hatten mit Berufung auf 2 Mose 12,35 f., wo berichtet wird, dass die Israeliten bei ihrem Auszug die Ägypter ausplünderten, den Gebrauch der geistigen und materiellen Schätze des Heidentums gerechtfertigt. Nun werden diese eindrucksvollen Monumente der ältesten Weltkultur zum Zeichen der Überlegenheit des christlichen Glaubens.

Auch der von Bernini geschaffene Vierströmebrunnen auf der Piazza Navona »gipfelt« in einem Obelisken vom Isis-Tempel Domitians. Getragen wird er von Verkörperungen der seinerzeit bekannten Weltteile und ihrer größten Flüsse (Donau, Nil, Ganges und Rio de la Plata), wobei die »Verhüllung« des Nil nicht deshalb erfolgte, weil dieser die gegenüberliegende Kirche S. Agnese in Agone von Berninis Konkurrenten Borromini nicht anschauen soll (wie gern erzählt wird), sondern deshalb, weil Afrika zum damaligen Zeitpunkt noch weitgehend

Vierströmebrunnen auf der Piazza Navona, im Hintergrund Sant'Agnese in Agone

»blind« (unbekannt und unbekehrt) war. Der Platz lässt noch den Grundriss des Circus Domitians erkennen – da dort Agnes das Martyrium erlitten haben soll, wurde die genannte Kirche errichtet – und ist ein Musterbeispiel für die Fähigkeit des Barock, den Lebensraum der Stadt harmonisch zu gestalten.

Brunnenanlagen spielen dabei eine wichtige Rolle; die Endpunkte der von außerhalb Roms kommenden Wasserleitungen werden nun mit Hilfe einer Schaufassade besonders gestaltet. Dazu gehören u. a. die Acqua Paola oberhalb von Trastevere und die Fontana dell' Acqua Felice im Bereich des Quirinal an der Piazza S. Bernardino. Mit Hilfe einer nicht ganz gelungenen Mosestatue von Leonardo Sormani lässt sich der Urheber Sixtus V. dort als »neuer Mose«, als Spender von Wasser aus dem Felsen (vgl. 4 Mose 20, 11), feiern. Auch die spätere, in der Gestaltung bewegtere Fontana di Trevi mit der Gestalt des Oceanus als »Wasserspender« steht an einem Ort, wo eine seit der Antike nie unterbrochene Wasserleitung aus den Sabiner Bergen endet.

Aus der Fülle der barocken Kunstwerke seien stellvertretend drei Werkgruppen aus den Bereichen Kirchbau, Plastik und Malerei vorgestellt.

Die JesuitenkirchenIl Gesù und S. Ignazio: Für die erneuerte »tridentinische« Liturgie, in der auch die Predigt nun ihren festen Platz hat, errichten insbesondere die Jesuiten mustergültige Kirchen neuen Typs. Sie haben keine Seitenschiffe mehr (sondern nur noch Seitenkapellen, u. a. für die persönliche Andacht), unter einer Kuppel liegt ein einheitlicher Raum, der zum Chorraum hin orientiert ist, wo für alle sichtbar, gleichsam auf einer Bühne, die Messe zelebriert wird. Alle Kunstformen (einschließlich der Musik) bilden eine Synthese, geben eine Ahnung vom Einbruch des Lichts, der göttlichen Wirklichkeit ins Diesseits.

Eine der frühesten dieser Kirchen ist Il Gesu im Zentrum Roms. Errichtet wurde sie 1568–1584 durch Giacomo Barozzi da Vignola und Giambattista della Porta. Sie wurde Vorbild zahlloser ähnlicher Kirchen weltweit. Der Hauptaltar wird überragt vom Kürzel IHS (Abkürzung der griechischen Schreibweise IHCOYC für Jesus). Damit wird auf die biblische Bedeutung des »Namens Jesu« angespielt, vor dem »alle im Himmel, auf der Erde und unter der Erde ihre Knie beugen« sollen (Phil 2, 10) und darauf, dass »uns Menschen kein anderer Name unter dem Himmel gegeben (ist), durch den wir gerettet werden sollen« (Apg 4, 12). Entsprechend zeigt die Malerei an der Decke, wo sich scheinbar das Dach Richtung Himmel öffnet, den Triumph und die Anbetung dieses Namens.

Die Jesuitenkirche Il Gesù

San Ignazio: Fresko mit Personifikation Afrikas

Das Grab des Ignatius im linken Querschiff ist ein barockes Gesamtkunstwerk im Kleinen aus Architektur, Malerei und Skulptur. Das silberne Standbild des Heiligen bildet das Zentrum, am Rande bekämpfen die Frauengestalten Glaube und Religion die barbarischen Völker sowie die Häresien und ihre Bücher – womit in erster Linie die lutherischen und calvinistischen Schriften gemeint sind. Entsprechende Beschriftungen, die sich einst auf den Buchrücken befanden, sind heute entfernt.

Mit der Heiligsprechung des Ignatius (und des Asienmissionars Franz Xaver) hatten die Jesuiten sozusagen zu Franziskanern und Dominikanern aufgeschlossen und errichteten wenig später eine eigene Kirche für den Ordensgründer – San Ignazio. Deren Architekt, Orazio Grassi, war Mathematiker sowie ein Meister der Proportionen und vollendete die Ansätze von Il Gesù. Besonders eindrucksvoll sind jedoch die Fresken von Andrea Pozzo (1685) in der Apsis (Szenen aus dem Leben des Ignatius), am Übergang zum Gewölbe (Personifikationen der Kontinente) und an der Decke selbst: Diese scheint nicht vorhanden, vielmehr erheben sich gleichsam weitere Stockwerke in Richtung des offenen Himmels, wo Ignatius entrückt wird, dem Herrn entgegen (vgl. 1 Thess 4, 17). Selbst die Kuppel ist gemalte Illusion – eine Marmorplatte im Mittelschiff bezeichnet den Ort, wo der Effekt am eindrücklichsten ist.

Plastiken von Bernini: Die Villa Borghese, gelegen in einer weitläufigen Parkanlage, ist einer der eindrucksvollen Barockpaläste Roms. Sie wurde 1605 von Scipione Borghese (s. o. S. 94, 114) erworben, der auch die Sammlung der heute in der Galleria Borghese gezeigten Kunstwerke begründete. Die Skulpturen von Gian Lorenzo Bernini (1598–1680) zeigen, dass sich »Marmor unter seinen Händen zu Wachs verwandelte«. Vor allem gelang es ihm, in statischen Bildern auf unvergleichliche Weise bewegte Momente festzuhalten. Das gilt sowohl für die Statue von Apoll und Daphne, die sich im Moment

David (Skulptur von Bernini in der Galleria Borghese)

der Berührung durch den Gott in einen Olivenbaum verwandelt, als auch für den David mit der Schleuder, der – ganz anders als bei der Renaissancefigur Michelangelos in Florenz – im Moment unmittelbar vor Beginn des Schleudervorgangs gezeigt wird.

Als Höhepunkt von Berninis plastischem Schaffen gilt jedoch die Darstellung der Verzückung der Theresa von Avila (1515–1582) in der Cornaro-Kapelle der Kirche S. Maria della Vittoria (die bis 1620 eine Pauluskirche gewesen war, aber seitdem an den Sieg der kaiserlichen Truppen über die protestantischen Böhmen am Weißen Berg erinnert). Die Nische über dem Altar gewährt Einblick in einen Raum, in den von oben das (göttliche) Licht eindringt, ein Engel zielt (entsprechend der Beschreibung ihrer Vision durch Theresa selbst) mit einem Pfeil auf das Herz der Mystikerin, deren Gesicht bereits das Berührtwerden von einer unsichtbaren Macht spiegelt (s. o. S. 146). Es ist, als ob es Bernini gelungen wäre, genau jenen Augenblick zu verewigen – Augustinus sprach einmal vom »aufblitzenden Moment eines zitternden Erblickens« –, in dem das Göttliche den Menschen trifft. Schmerz und Süße zugleich sowie die flammende Liebe zu Gott, von denen Theresa spricht, sind auf dem Antlitz sichtbar und machen das Werk zu einer einmaligen Darstellung religiösen Erlebens. (Eine ähnliche Figur schuf Bernini 1674 noch einmal für das Grabmal der seligen Ludovica Albertoni in S. Francesco a Ripa.)

Biblische Bilder von Caravaggio: Herausragende Zeugnisse barocker Malerei sind die Bilder zu biblischen Szenen, die Michelangelo Merisi (1571–1610) – nach seinem Heimatort auch Caravaggio genannt – für römische Kirchen geschaffen hat. Bei dreien von ihnen soll angedeutet werden, wie hier Texte der Bibel malerisch erschlossen und vertieft werden. Für die Cerasikapelle links vom Chor der Kirche S. Maria del Popolo hat er die Berufung des Paulus und die Kreuzigung des Petrus gemalt.

Kreuzigung Petri und Berufung des Paulus (Gemälde von Caravaggio in Santa Maria del Popolo)

Beim ersten Bild beherrscht auf den ersten Blick das Pferd die Darstellung – der Reitknecht und Paulus scheinen nur Neben- oder Randfiguren. (Solch eine ungewohnte Konstruktion oder Perspektive hat man auch als Merkmal des »Manierismus« bezeichnet.) Das Pferd, das in keinem der biblischen Texte zur Berufung des Paulus auftaucht, vergrößert die »Fallhöhe« – es ist, als wolle das Bild auch das Pauluswort abbilden »Wer steht, sehe zu, dass er nicht falle« (1 Kor 10, 12). Das, was ihn zu Boden stürzen lässt, ist konsequent aus dem Bild verbannt – es gehört einer anderen Wirklichkeit an. Lediglich der weiße Fleck auf dem Fell des Pferdes, der in seiner Form an einen Blitz erinnert, deutet etwas von der Gewalt des »Einschlags« an. Und während der blinde Paulus etwas »sieht« und erkennt, ist der sehende Diener »blind« für das, was geschieht. Dabei liegt Paulus »ganz unten« und gleichzeitig wie eine Gebärende – als würde gerade Christus in ihm geboren oder Gestalt gewinnen (vgl. Gal 4, 19).

Auch beim zweiten Bild sind eine ungewöhnliche Perspektive und der Moment der Kreuzaufrichtung gewählt. Und obwohl die beiden Kreuzbalken dabei als eine einzige Linie erscheinen, stellt die Gesamtkomposition dennoch

Berufung des Matthäus (Gemälde von Caravaggio in S. Luigi dei Francesi)

ein umgekehrtes Kreuz dar: Die Knechte, die das eigentliche Kreuz tragen, bilden zugleich den Stamm dieses Kreuzes im Bild, das zudem als eine Art »Lichtkreuz« (s. o. S. 49) aus den Farben Gelb, Grün, Rot, Blau erscheint. Insbesondere die Rückenfiguren laden zur Identifikation, zum »Hineinschlüpfen« des Betrachters ein. Beide sind so Teil der »Maschinerie«, die den Unschuldigen zu Tode bringt. Wie kaum einem anderen Maler gelang es Caravaggio, das christliche Paradox des Heiligen im Profanen ins Bild zu bringen.

Von den drei Gemälden, die Caravaggio für die Contarelli-Kapelle von S. Luigi dei Francesi zum Leben des Evangelisten Matthäus gemalt hat, ist das zu dessen Berufung (Mt 9, 9) das bedeutendste. Der sündige Zöllner steht im Zentrum. Jesus tritt von außen, vielleicht zunächst sogar unerkannt, an ihn heran. Seine menschliche Gebärde läuft parallel zum göttlichen Licht, das ebenfalls von außen in die Welt des Bildes fällt. Die Hand, die auf Matthäus weist, ist die Hand des »neuen Adam« – sie ist ein Zitat aus der »Erschaffung Adams« in der Sixtinischen Kapelle! Matthäus nimmt den Fingerzeig Jesu auf und erkennt sich selbst – wenn man so will als »gerechtfertigten Sünder«. Petrus schließlich ahmt die Bewegung der Hand Jesu (unvollkommen) nach, und auf der Ebene des Bildes spricht Jesus »durch« ihn – auch ein biblisch inspiriertes Bild für das Amt des Petrus: »Durch« ihn sollen die Worte Jesu hörbar werden und seine Gesten sollen denen Jesu entsprechen. (Weitere Gemälde Caravaggios mit biblischen Themen befinden sich in der Vatikanischen Pinakothek [Grablegung Jesu], in der Galleria Borghese [David mit dem Haupt Goliats], in der Galleria Nazionale d'Arte Antica im Palazzo Barberini [Judit, Johannes der Täufer, Maria Magdalena] und in der Galleria Doria Pamphili im gleichnamigen Palazzo [Ruhe auf der Flucht nach Ägypten] sowie in S. Agostino [wenn man die Erscheinung der »Madonna der Pilger« vor den Armen Roms als biblisches Thema ansehen will].)

Exkurs: Bibel gegen Naturwissenschaft? Galilei in Rom

»Sonne, bleib stehen über Gibeon, und du, Mond, über dem Tal von Ajalon! – Und die Sonne blieb stehen und der Mond stand still[...]« (Jos 10, 12 f.). Bei einem wörtlichen Verständnis der Bibel ist dieses Zitat der Beleg dafür, dass sich die Sonne – normalerweise – um die Erde herum bewegt. So konnte es als Argument gegen das heliozentrische Weltbild des Kopernikus dienen, das auch der Florentiner Galileo Galilei (1564–1642) seit 1597 vertrat. 1616 wurde er deshalb erstmals von Kardinal Bellarmin nach Rom vorgeladen. Damals musste er seiner Lehre nicht abschwören – es wurde ihm nur verboten, diese Hypothese (mehr war es damals noch nicht) weiter zu vertreten. Doch 1632, nachdem der neue Papst Urban VIII. Barberini (1623–1644) zunächst zumindest Toleranz für die Hypothese signalisiert hatte, veröffentlichte Galilei – mit kirchlicher Druckerlaubnis – seinen »Dialog über die zwei Weltsysteme«, in dem er die Argumente für das alte ptolemäische System und Gedanken des Papstes einem dümmlichen »Simplicius« in den Mund legte. Daraufhin wurde er erneut, diesmal von der Inquisition, vorgeladen. Während des Prozesses wohnte er zunächst in der Medici-Villa auf dem Pincio, der Residenz des toskanischen Botschafters, dann im Dominikanerkloster von S. Maria sopra Minerva. Diesmal verlangte die Behörde, auch unter Androhung der Folter, die Abschwörung. Diese erfolgte beim Prozess in der Kirche am 22. Juni 1633. Dass er im Hinausgehen gemurmelt habe »Und sie bewegt sich doch«, ist wohl unhistorisch. Die Kerkerhaft des Urteils wurde umgehend in Hausarrest umgewandelt, den Galilei größtenteils auf seinem Landsitz bei Florenz verbrachte.

Über den konkreten Anlass hinaus steht der Prozess auch für die Frage des Verhältnisses zwischen Glaube bzw. Bibel und Naturwissenschaft. Tat-

Josua lässt die Sonne stillstehen (Mosaik in Santa Maria Maggiore)

sächlich hatte Galilei in Briefen ausdrücklich erklärt, in der Bibel drücke Gott sich in Übereinstimmung mit den Sinnesausdrücken so aus, dass die einfachen Menschen ihn verstehen können. Die Wahrheit über die Phänomene der Welt und den Sinn biblischer Aussagen darüber könnten aber nur Wissenschaftler finden. Damit wurde in der Tat eine Neubestimmung der beiden Größen vorgenommen, mit der sich Theologie und Kirchen lange schwergetan haben. Auf katholischer Seite wurde Galilei erst 1992 durch Johannes Paul II. rehabilitiert, nachdem sich auch hier die Erkenntnis durchgesetzt hatte, dass die biblischen Texte zeitbedingt sind und eine biblische-religiöse Sicht auf die Wirklichkeit auf anderer Ebene liegt als die der Naturwissenschaft. Dass die Päpste inzwischen offen sind für deren Erkenntnisse, zeigt nicht zuletzt die Vatikanische Sternwarte, deren Forschungsinstitut sich wegen der Lichtverschmutzung heute in Arizona befindet und sich auf höchstem Niveau am Gespräch zwischen Naturwissenschaft und Theologie beteiligt.

Wie gefährlich es aber zu Galileis Zeiten werden konnte, grundsätzliche Inhalte der katholischen Lehre zu verwerfen, zeigt das Schicksal des Giordano Bruno (1548–1600), der – zunächst Dominikaner, später zeitweise Calvinist – wegen seiner Philosophie mit beiden Konfessionen in Konflikt geriet. U. a. aufgrund seiner Überzeugung von der Ewigkeit der Welt, die keinen Platz ließe für ein Gericht, wurde er am 17. Februar 1600 auf dem Campo dei Fiori auf dem Scheiterhaufen hingerichtet.

VII. Das Rom der Neuzeit

Reiterstandbild Garibaldis auf dem Gianicolo

Gegen Ende des 18. Jh.s schien das Ende des hoch verschuldeten Kirchenstaates gekommen: Als Gegner der Französischen Revolution wurde er 1798 von Truppen General Berthiers besetzt und die Republik ausgerufen. Der Papst, Pius VI., wurde gefangen genommen und starb 1799 im französischen Exil. Nach Niederschlagung der Republik durch Österreicher und Neapolitaner wurde der neue Papst Pius VII. unter österreichischem Schutz in Venedig gewählt. Nach einer Verständigung mit den Franzosen kam es 1801 zur Wiederherstellung eines Kirchenstaates von Napoleons Gnaden. Als der Papst sich jedoch weigerte, dem Bündnis gegen England beizutreten, wurde dieser erneut erobert und 1809 Teil des Napoleonischen Kaiserreiches sowie dessen zweite Hauptstadt. Nun wurde auch Pius VII. verhaftet und deportiert. Erst der Wiener Kongress stellte einen Rumpfstaat wieder her, und der Papst konnte zurückkehren.

Pius IX. (1846–1878) führte zu Beginn seines Pontifikates liberale Reformen durch, wandelte sich aber nach seiner Vertreibung im Rahmen der Revolution von 1848 zu einem theologisch und politisch ausgesprochen konservativen Papst. Lediglich im Bereich des Verkehrswesens traf er zukunftsweisende Entscheidungen: Rom wurde an das Eisenbahnnetz angeschlossen, und Pläne für die Stadtentwicklung im Umfeld des neuen Bahnhofs wurden entwickelt. Die italienische Einigungsbewegung lehnte er selbstverständlich ab, da zum »Risorgimento«, d. h. zur Auferstehung Italiens, auch die Eroberung des Kirchenstaates gehörte. »Roma capitale«, »Hauptstadt Rom« war eines der Schlagworte. Die Eroberung gelang, als die französischen Truppen, die den Papst 1850 zurückgeführt hatten und seitdem die Existenz des Kirchenstaates sicherten, wegen des deutsch-französischen Krieges im Jahr 1870 abzogen. Am 20. September 1870 schossen die Truppen Garibaldis bei der einst von Michelangelo gestalteten Porta Pia im Norden der Stadt eine Bresche in die Mauer. Die päpstlichen Truppen leisteten nur so viel Widerstand, dass der gewaltsame Charakter der Einnahme erkennbar wurde.

Der Papst betrachtete sich nun bis 1929 als »Gefangener im Vatikan«, während »sein« Rom zur Hauptstadt des Königreiches Italien und zu einem bezüglich Besitzverhältnissen und Loyalitäten zutiefst gespaltenen Gemeinwesen wurde. Dabei funktionierten die neuen Herren zunächst zahlreiche kirchliche Bauten um – u. a. den Quirinalspalast, bis zur Eroberung eine Sommerresidenz des Papstes, zum Königspalast. Wie feindlich sich die Gruppen gegenüberstanden, wurde besonders deutlich, als man 1878 den Leichnam Pius IX. zur Kirche S. Lorenzo überführte: Antiklerikale Demonstranten warfen ihn beinahe in den Tiber!

Colosseo quadrato auf dem Gelände der E.U.R.

Gleichzeitig entstand das »Dritte Rom« – nach dem der Cäsaren und dem der Päpste sollte es das »Rom des Volkes« sein. Ganz bewusst neben der päpstlichen Burg, dem Castel Sant'Angelo, entstand der gewaltige Justizpalast. Vor allem aber wurden neue, breite Straßen angelegt, nachdem Teile der mittelalterlichen Bebauung niedergelegt worden waren, u. a. die Ost-West-Achse aus Via Nazionale und Corso Vittorio Emmanuele II. Der Platz vor dem Kapitol, die Piazza Venezia, wurde zum neuen Zentrum der Stadt; hier entstand bis 1911 auch der monströse »Altar des Vaterlandes« mit der Reiterstatue des ersten Königs Vittorio Emmanuele II. Dieser versucht am symbolträchtigen Ort eine Anknüpfung an die Antike, integriert eine Statue der Dea Roma und – zu Füßen des Altares – das Grabmal des Unbekannten Soldaten. Der Nationalismus trat damals für viele an die Stelle der alten Religion, und ganz bewusst wurden zahlreiche Denkmäler für Gegner und Opfer der päpstlichen Herrschaft – sozusagen nichtkirchliche Heilige – errichtet: Die Reiterstatue Garibaldis blickt vom Gianicolo auf Rom wie die des Marc Aurel / Konstantin vom Kapitol, der Campo di Fiori wird von der Gestalt des Giordano Bruno beherrscht, und bei der Villa de Medici entstand ein Denkmal für Galilei.

Obwohl Italien zu den Siegermächten des 1. Weltkrieges gehörte, folgten Jahre der Krise. Benito Mussolini, Führer der Faschisten, übernahm 1922 nach seinem »Marsch auf Rom« de facto die Herrschaft, auch wenn Italien offiziell bis 1946 eine Monarchie blieb. Schon mit dem Symbol der Bewegung, den altrömischen »fasces«, den Rutenbündeln der Liktoren, versuchte er an altrömische Traditionen anzuknüpfen. Leitbegriff seiner Herrschaft wurde die »Romanità«, was für Disziplin und streng hierarchische Ordnung stand. Er gab sich vorwärtsgewandt – auf der Folie einer zurechtgeschnittenen Vergangenheit – und sah sich als »Augustus redivivus« (wiederbelebter Augustus), der nach einer Zeit der Unruhe ein neues Rom schafft. Der 2000. Geburtstag des Kaisers 1938 und die Wiederrichtung der Ara Pacis wurden genutzt, um sich als Erneuerer des augusteischen Zeitalters zu inszenieren. Mussolini propagierte und versuchte die Wiedergeburt des Imperiums durch die Eroberung von Libyen und Äthiopien (die als Kriegsbeute nach Rom gebrachte riesige Stele aus Axum wurde erst 2005 zurückgegeben). Die Innenstadt wurde durch »Wegräumen« sowie das Ausgraben und »Herausschälen« antiker Überreste neu gestaltet – Beispiele sind neben dem Augustusmausoleum (in dessen Nähe sich auch Wohn- und Verwaltungsgebäude aus der faschistischen Zeit befinden) das Areal der republikanischen Tempel am Largo Argentino und das Forum Boarium. Im Übrigen wuchs die Stadt weiter über die Grenzen des historischen Kerns hinaus und hatte 1930 wieder eine Mio. Einwohner wie zur Kaiserzeit.

Das Gelände der Esposizione Universale di Roma (E.U.R.), der für 1942 geplanten römischen Weltausstellung, auf halbem Wege zwischen dem Zentrum und dem Meer, sollte sogar zum »Vierten Rom« ausgebaut werden. Durch eine gewaltige Straße mit dem Kapitol verbunden, wurde im Zentrum des Geländes das »Colosseo quadrato«, der Kubus des Palazzo della Civiltà Italiana, errichtet (laut Inschrift »für ein Volk der Dichter, Künstler, Helden, Heiligen, Denker, Wissenschaftler, Seefahrer und Wanderer«). Und auch wenn hier die Heiligen noch erwähnt werden, so zeigen die Architektur und auch die »Rossebändiger« auf der umgebenden Plattform, dass hier – ebenso wie in den Stadien des Foro Italico im Norden der Stadt – ein Geist herrschte, der vor allem Rom, »die Kraft der Pferde« und den »schnellen Lauf des Mannes« verehrte (vgl. Ps 147, 10). Und obwohl einer der Gründe für die Verlagerung dieses neuen Zentrums die Übermacht der päpstlichen Elemente im »alten Rom« war, knüpfte man auch hier an die traditionelle Formensprache an und errichtete u. a. gewaltige Obelisken, die nun aber weder die Sonne noch den Sieg des Christentums, sondern »Mussolini dux« feierten.

Gefallenendenkmal auf dem Gianicolo

Papstmedaillons in S. Paolo fuori le mura

Als sich im 2. Weltkrieg die Niederlage der »Achsenmächte« abzeichnete, wurde Mussolini 1943 abgesetzt und verhaftet. Die neue Regierung schloss einen Waffenstillstand mit den Alliierten, Rom und Norditalien wurden von den Deutschen besetzt. Nicht zuletzt Papst Pius XII. warb wenig später dafür, dass Rom angesichts der anrückenden alliierten Truppen zur »offenen Stadt« erklärt wurde, was im Juni 1944 auch geschah, so dass die Stadt einer Bombardierung entging.

Die Nachkriegszeit ist in der Republik Italien und Rom politisch gesehen lange Zeit geprägt vom Gegensatz zwischen Christdemokraten und Kommunisten, bis man verstärkt auf Politiker setzt, von denen man hofft, dass sie nicht Teil einer als korrupt angesehenen Politikerkaste sind. Städtebaulich herrscht eine Tendenz zur Musealisierung des vom 19. Jh. und vom Faschismus geschaffenen Bildes.

Kirchlich gesehen war vermutlich das entscheidende Ereignis das II. Vatikanische Konzil (1962–1965), das nicht nur das Verhältnis zu den anderen Kirchen und Religionen auf eine neue Grundlage stellte, sondern in der Konstitution »Dei Verbum« über die göttliche Offenbarung auch die historisch-kritische Erforschung der Bibel legitimierte. Doch ist die Frage, wie die Dokumente des Konzils zu interpretieren sind, noch nicht endgültig beantwortet. Das Dokument »Dominus Iesus« von 2001, das die evangelischen Kirchen lediglich als »kirchliche Gemeinschaften« und als »nicht Kirche im eigentlichen Sinn« bezeichnet, hat die weitere ökumenische Annäherung jedenfalls erschwert. Dass Papst Franziskus 2016/17 an den Feiern zum Reformationsgedenken teilnimmt, ist dagegen ein Hoffnungszeichen.

Die neue, auch religiös veränderte Situation in Rom ist nicht zuletzt an der Geschichte der nach 1870 entstandenen Neubauten abzulesen.

Die große Synagoge: Die Eroberung des Kirchenstaates bot auch den Juden Roms neue Möglichkeiten. Während ihr Schicksal im frühen Mittelalter gekennzeichnet war von einer relativen Toleranz (Gregor I. hatte z. B. eine Bekehrung unter Zwang ausdrücklich verboten), verschärften sich im Laufe der Zeit repressive Maßnahmen. So hatte das 4. Laterankonzil 1215 für sie (und die Muslime) eine besondere Kleiderordnung vorgeschrieben. Andererseits waren Juden nicht selten Ratgeber der Päpste, der spanische Reisende Benjamin von Tudela berichtet im 12. Jh. von einem blühenden Gemeindeleben, und ein Immanuel von Rom schreibt in dieser Zeit ein hebräisches Gedicht im Stil von Dantes »Göttlicher Komödie«.

Besonders aber die Phase der katholischen Reform bringt weitere Zwangsmaßnahmen mit sich. Nachdem bereits 1553 der Talmud öffentlich verbrannt worden ist, wird 1555 das hauptsächliche Wohngebiet der Juden am Tiberufer (Rione S. Angelo) in ein Ghetto verwandelt, dessen Tore über Nacht geschlossen werden. Als Begründung wird angegeben, es sei »überaus absurd«, dass Juden unter Christen wohnen – so der Titel der entsprechenden päpstlichen Bulle »Cum Nimis Absurdum«. Ab 1577 werden die Juden zudem gezwungen, christliche Predigten anzuhören – vornehmlich am Sabbat –, und zwar vor der kleinen Kirche S. Gregorio della Divina Pietà neben der heutigen Synagoge. Darauf bezieht sich auch die hebräisch-lateinische Inschrift über deren Portal: *»Ich streckte meine Hände aus nach einem abtrünnigen Volk, das einen Weg ging, der nicht gut war, nach seinen eigenen Plänen, nach einem Volk, das in seinem Trotz mich ständig ärgert.«* (Jes 65, 2 f.)

San Gregorio della Divina Pietà

1848 werden die Mauern des Ghettos niedergerissen, aber erst nach Auflösung des Kirchenstaates erhalten die Juden die vollen Bürgerrechte. Moses Hess sieht in seinem Buch »Rom und Jerusalem« (1862) das italienische Risorgimento als Vorbild für die Errichtung eines

Kuppel der Großen Synagoge (Innenansicht)

Die Große Synagoge

neuen jüdischen Gemeinwesens in Palästina. In Rom können die Juden nach Abriss des Ghettos ab 1885 eine neue, große Synagoge errichten. Sie ist im historistischen Stil der Jahrhundertwende errichtet, d.h. es werden u.a. altorientalische, antike und barocke Stilelemente verwendet. Die viereckige »Kuppel« über einem griechischen Kreuz vermeidet aber ganz bewusst eine Ähnlichkeit mit den runden Kuppeln der Kirchen Roms. Im Innern leuchtet der »Himmel« in den Farben des Regenbogens, während gemalte Palmen und Zypressen in ihn hineinwachsen. Wegen des Alters der römischen Gemeinde, deren Ursprünge in der Zeit vor der Aufteilung in Aschkenasen und Sepharden liegen, werden die Gottesdienste im Hauptraum bis heute in einem eigenen Ritus gefeiert.

Im Untergeschoss der Synagoge befindet sich ein sehenswertes Museum zur Geschichte des Judentums in Rom. Dort wird auch die Deportation von etwa 1000 Juden in Konzentrationslager im Oktober 1943 durch die deutschen Besatzer dokumentiert, von denen nur wenige überlebten. Während der Razzia gab es keinen Widerstand der Kirche und des Papstes – möglicherweise geht der Verzicht auf weitere Deportationen und die Öffnung von Klöstern und

Pfarrhäusern für Juden aber auf eine Absprache Pius XII. mit dem deutschen Botschafter Ernst von Weizsäcker zurück. In der heutigen Gemeinde spielen u. a. die 1967 aus Libyen vertriebenen Juden eine wichtige Rolle.

1986, über 1900 Jahre nachdem laut Apostelgeschichte irgendwo in der Nähe Paulus die führenden Männer der Juden bei sich empfangen hatte, besuchte mit Johannes Paul II. erstmals wieder ein Nachfolger des Petrus eine Synagoge und sprach die Juden – ganz im Sinne des Römerbriefes – an als »unsere älteren, in gewissem Sinne sogar bevorzugten Brüder«.

Neue (evangelische) Kirchen: Die neue Verfassung Italiens ermöglichte es ab Ende des 19. Jh.s aber auch, dass in Rom erstmals Kirchbauten anderer Konfessionen entstanden, die bisher dort kein Heimatrecht hatten. Zuvor hatte es lediglich einen Friedhof für in Rom verstorbene »Nicht-Katholiken« gegeben (den Cimitero Accatolico bei der Cestius-Pyramide, gleich außerhalb der Porta S. Paolo) sowie kleine Räume für nicht-katholische Gottesdienste in ausländischen Gesandtschaften. Dazu gehörte nach der 300-Jahrfeier der Reformation 1817 auch die Kapelle in der preußischen Gesandtschaft im Palazzo Caffarelli auf dem Kapitol. Die Ausstattung und die in dem ehemaligen Stall (!) gefeierte Liturgie sollten bewusst einfach bzw. biblisch-urchristlich sein. In der Namensgebung fügte sie sich dennoch in die römische Tradition ein: Nachdem man entdeckt hatte, dass der Palast über den Fundamenten des Jupitertempels stand, wurde sie als S. Salvatore sopra Giove bezeichnet und dokumentierte so den Sieg des (wahren) Christentums über das Heidentum.

Auch die spätere deutsch-evangelische Christuskirche im Nordosten der Stadt (fertiggestellt 1922, aber noch von Wilhelm II. initiiert) ist von dieser Ambivalenz gekennzeichnet: Geplant ab 1883 als »Lutherkirche« und von Franz Heinrich Schwechten, dem Architekten der Berliner Kaiser Wilhelm-Gedächtniskirche, ganz bewusst im Stil der deutschen Romanik errichtet, zollt sie dennoch der römischen Tradition Respekt: So wird der Christus über dem Portal von Petrus und Paulus begleitet, und ein Apsismosaik zeigt zwar »Christus allein« in der Mandorla, aber umgeben von einer Ranke, die sich deutlich an der Darstellung in S. Clemente orientiert. Darunter steht hier *»Jesus Christus ist derselbe gestern, heute und in Ewigkeit.«* (Hebr 13, 8) 1983 besuchte mit Johannes Paul II. erstmals ein Papst die Kirche, und sein zweiter Nachfolger, Franziskus, überreichte bei seinem Besuch 2015 sogar einen Kelch, was zumindest als Wertschätzung der evangelischen Abendmahlsfeier angesehen werden kann.

Christuskirche

Dass die Faszination durch die mittelalterlich-römische Formensprache nicht nur die Deutschen betraf, belegt die erste nach 1870 fertiggestellte nichtkatholische Kirche der Stadt. Der Bau der amerikanischen Episkopalkirche wurde nicht nur bewusst an der neuen Hauptstraße, der Via Nazionale, errichtet, sondern erhielt ganz programmatisch den Namen »St. Paul's Within the Walls«: So wurde zum einen eine Gleichstellung mit der Grabeskirche des Apostels außerhalb der Stadt angedeutet, zum anderen der »evangelische« Paulus (endlich) in die Stadt geholt. Der Bau in neoromanisch-frühgotischer Formensprache zeichnet sich durch einen hohen, römisch anmutenden Glockenturm aus und durch ein Apsismosaik, das einerseits ebenfalls der Tradition Tribut zollt, zum anderen aber sehr eigene Akzente setzt: In den Gruppen von Heiligen unterhalb des thronenden Christus tragen einige die Züge zeitgenössischer Persönlichkeiten. So weist der Kirchenvater Hieronymus die Züge des Ignaz von Döllinger (seinerzeit der entschiedenste katholische Gegner des Unfehlbarkeitsdogmas), der Apostel Jakobus die von Giuseppe Garibaldi auf.

Weitere Bauten anderer Nationen und Konfessionen folgten. Hervorzuheben sind die der Waldenser, der »einheimischen« Protestanten: Die Anhänger des Petrus Waldes aus Lyon hatten sich nach dessen Verurteilung im 12. Jh. in die norditalienischen Alpentäler zurückgezogen, sich später den Calvinisten angeschlossen und waren ab 1870 auch nach Rom gekommen. Der erste Tempel entstand ebenfalls im Bereich der Via Nazionale (dort ist heute auch die Italienische Bibelgesellschaft zu Hause), der zweite – mit seiner Doppelturmfassade deutlicher im Stil einer mitteleuropäischen Kirche gestaltet – in Sichtweite des Vatikans an der Piazza Cavour. Am Portal verkündet der Wahlspruch der Waldenser auf Latein »Das Licht leuchtet in der Finsternis«, im Inneren, wo die Dekoration bereits vom Jugendstil geprägt ist, befindet sich eine Kanzel, auf der neben Luther und Calvin auch die »Italiener« Savonarola und Arnold von Brescia dargestellt sind. Letzterer war u. a. wegen seiner Forderung nach einem besitzlosen Klerus 1155 in Rom hingerichtet worden.

Cinecittà: Die »Filmstadt« im Südosten Roms wurde 1937 von Mussolini eröffnet: Auch die Faschisten bedienten sich – wie die deutschen Nationalsozialisten – der propagandistischen Möglichkeiten des neuen Mediums. Später wurden hier einige der sogenannten »Bibelfilme« gedreht, darunter »Quo vadis« (1951) und – unter Regie des jüdischen Regisseurs William Wyler – »Ben Hur« nach dem Roman von Lew Wallace (1959). Auch die umstrittene »Passion Christi« von Mel Gibson (2004) entstand hier. Dabei erschließen diese Filme mit ihrer realistisch-sentimentalen Bildsprache die biblischen Inhalte meist gerade nicht – und haben doch das Bild der biblischen Welt bei zahllosen Zuschauern geprägt. Hinzu kommt, dass das Thema der frühen Filme zwar die Auseinandersetzung des schwachen Christentums mit dem starken Rom ist, die Filme ihre Attraktivität aber gerade auch den gewaltigen Kulissen der Monumentalarchitektur verdanken und damit jenem Bild von Rom verpflichtet bleiben, das u. a. die Faschisten geschaffen und propagiert haben. Bei der Besichtigung des Studiogeländes kann man übrigens bis heute im Bereich der »Outdoor sets« nicht nur das »antike Rom«, sondern auch den »Jerusalemer Tempel« besichtigen.

Bauten der Moderne: Bauwerke und Kirchen in moderner Formensprache finden sich bis heute praktisch nur außerhalb des historischen Zentrums. Während in der Innenstadt die zahllosen Kirchbauten kaum erhalten werden können, wurden die Außenviertel lange sträflich vernachlässigt.

Santi Pietro e Paolo

Der erste nennenswerte, nicht historistische Kirchenbau, SS. Pietro e Paolo, entstand ab 1939 am Rande der E.U.R. Er wurde wegen kriegsbedingter Bauunterbrechung erst 1955 fertiggestellt, ist in seiner Formensprache aber ganz von der Gigantomanie des faschistischen Klassizismus geprägt. Der Zentralbau aus Kubus (mit vier angefügten Quadern), Tambour und Kuppel, zu dem eine gewaltige Freitreppe führt, will vor allem durch seine Größe (Höhe: 32 m) imponieren und offenbart im Innern eine kalte Leere, die die Künstler nicht zu füllen vermochten.

Überzeugender ist die Rekonstruktion der Kirche S. Lorenzo in Piscibus in einer Parallelstraße der Via della Conciliazione (deren Bau sie zum Opfer fiel) von 1950. Sie integriert Teile einer früheren Kirche und ist eine Art zeitlos-moderne Form der römischen Backsteinbasilika. Sie ist heute Teil des päpstlichen Jugendzentrums und beherbergt u. a. das Weltjugendtagskreuz.

Im Zusammenhang mit dem »Jubiläumsjahr« 2000 wurde in einem anderen Außenviertel, Tor Tre Teste, die sehenswerte Kirche Dio Padre Misericordio errichtet, entworfen vom jüdischen Architekten Richard Meier. Insbesondere die Kugelsegmente aus weißem Beton machen aus ihr einen bergenden Raum am Rand des Hochhausviertels, auch wenn die traditionelle Anordnung der Kirchenbänke im Langhaus beibehalten wurde. Eindrucksvoll ist besonders das scheinbar schwebende Kreuz, hinter dem ein perspektivisch verlängerter Gang ins Licht führt.

Doch auch Rom ist inzwischen »multireligiös« geworden: Seit 1994 steht in der Stadt auch die größte Moschee Europas. Sie sollte unbedingt außerhalb des historischen Zentrums liegen – und befindet sich, nachdem sich die Muslime vorher in zahlreichen kleinen Hinterhofmoscheen der ärmeren Viertel versammelt hatten, nun nahe der Milvischen Brücke. Und 2013 wurde – mit finanzieller Unterstützung der Stadt – in der Gegend von Prenestino auch der größte buddhistische Tempel Europas errichtet.

Lebendige christliche Gemeinden sind deshalb heute in Rom – wie zu Zeiten des Paulus und Petrus – Inseln in einer Stadt, die auch andere »Götter« verehrt.

San Lorenzo in Piscibus (Innenansicht)

Dio Padre Misericordio in Tor Tre Teste

Benutzte und weiterführende Literatur

K. Bartels: Roms sprechende Steine. Inschriften aus zwei Jahrtausenden, Mainz 2012.

F. J. Bauer: Rom im 19. und 20. Jahrhundert. Konstruktion eines Mythos, Regensburg 2009.

H. Brandenburg: Die frühchristlichen Kirchen in Rom vom 4. bis zum 7. Jahrhundert, Regensburg 2005.

F. Coarelli: Rom. Ein archäologischer Führer, Freiburg 1975.

Das frühe Christentum bis zum Ende der Verfolgungen. Eine Dokumentation, 2 Bde., übers. und komm. von P. Guyot / R. Klein (Texte zur Forschung 60. 62), Darmstadt 1993. 1994.

E. Dassmann: Paulus in der frühchristlichen Frömmigkeit und Kunst, Opladen 1982.

E. Gatz: Roma Christiana, Regensburg 2008.

U. M. Fasola: Peter and Paul in Rome. Traces on Stone, Rom 1980.

V. Fiocchi Nicolai / F. Bisconti / D. Mazzoleni: Roms christliche Katakomben, Regensburg 1998.

St. Heid (Hg.): Petrus und Paulus in Rom. Eine interdisziplinäre Debatte, Freiburg 2012.

B. Hülsebusch: Vatikan von innen. Ein Rundgang durch die Stadt des Papstes, Graz 1997.

Jakobus de Voragine: Legenda aurea / Goldene Legende, 2 Bde., übers. und komm. von B. W. Häuptli (Fontes Christiani Sonderband), Freiburg 2014.

F. Kolb: Rom. Die Geschichte der Stadt in der Antike, München 1995.

R. Krautheimer: Rom. Schicksal einer Stadt 312–1308, München 2004.

J. Krüger / M. Wallraff: Luthers Rom. Die Ewige Stadt in der Renaissance, Mainz 2015.

J. Krüger / J.-M. Kruse (Hrsg.): Unus fons, unus spiritus, una fides. Ökumene in Rom, Karlsruhe 2010.

J. Krüger / M. Meyer-Blanck: Evangelisch in Rom. Der etwas andere Reiseführer, Göttingen 2008.

P. Lampe: Die stadtrömischen Christen in den ersten beiden Jahrhunderten. Untersuchungen zur Sozialgeschichte, Tübingen 1989.

H. Lietzmann: Petrus und Paulus in Rom. Literarische und archäologische Studien, 1927.

P. Liverani / G. Spinola: Die Nekropolen im Vatikan, Stuttgart 2010.

Mirabilia Urbis Romae / Die Wunderwerke der Stadt Rom, eingel., übers. und komm. von G. Huber-Rebenich u. a., Freiburg 2014.

Neutestamentliche Apokryphen in deutscher Übersetzung, Bd. I, 1–2: Evangelien und Verwandtes, hrsg. von Chr. Markschies / J. Schröter, Tübingen 2012; Bd. II: Apostolisches, Apokalypsen und Verwandtes, hrsg. von E. Hennecke / W. Schneemelcher, Tübingen 1999.

B. Olsson u. a. (Hrsg.): The Synagogue of Ancient Ostia and the Jews of Rome, Stockholm 2001.

R. Pesch: Simon-Petrus. Geschichte und geschichtliche Bedeutung des ersten Jüngers Jesu Christi (Päpste und Papsttum 15), Stuttgart 1980.

Petrus, Paulus und die Päpste (Welt und Umwelt der Bibel Sonderheft), Stuttgart 2006.

Rom und die Bibel (Welt und Umwelt der Bibel), Stuttgart 1998.

V. Reinhardt: Im Schatten von St. Peter. Die Geschichte des barocken Rom, Darmstadt 2011.

Rom. Kunst und Geschichte 1480–1650, Würzburg 1992.

Rom. Ein illustrierter Führer durch die Geschichte, München 1999.

H. Schneider: Luthers Reise nach Rom – neu datiert und neu gedeutet (Studien zur Wissenschafts- und Religionsgeschichte), Berlin/Boston 2011.

L. Weber: Petrus und Paulus – Kontrahenten und Partner. Die beiden Apostel im Spiegel des Neuen Testaments, der Apostolischen Väter und früher Zeugnisse ihrer Verehrung, Münster 1996.

U. Wilckens: Der Brief an die Römer, 3 Bde. (Evangelisch-katholischer Kommentar zum Neuen Testament 6), Zürich 1978–1982.

Abbildungsnachweis

Einleitung

Abb. S. 8: © Privatbesitz Röwekamp (PR)
Abb. S. 10: © PR

I. Zur Geschichte Roms

Abb. S. 12: © J. Grothus
Abb. S. 14 oben: © PR
Abb. S. 14 unten: © Günter Wachmeier, Rom. Die antiken Denkmäler (Artemis-Cicerone Kunst- und Reiseführer), Zürich und München, 2. Aufl. 1982, S.36
Abb. S. 15: © akg-images
Abb. S. 16 oben: © PR
Abb. S. 16 unten: © PR
Abb. S. 18: © PR
Abb. S. 19: © PR
Abb. S. 20: © J. Grothus
Abb. S. 22: © PR
Abb. S. 23: © PR
Abb. S. 24: © akg-images / Pirozzi
Abb. S. 25: © PR
Abb. S. 26: © J. Grothus

II. Das Rom der Bibel

Rom in der Bibel

Abb. S. 28: © PR
Abb. S. 30: © akg-images / André Held
Abb. S. 33: © akg-images

Rom zur Zeit des Neuen Testaments

Abb. S. 35: © akg-images / Pirozzi
Abb. S. 38: © PR
Abb. S. 39 oben: © PR
Abb. S. 39 unten: © PR
Abb. S. 40 oben: © PR
Abb. S. 40 Mitte: © akg-images / Bible Land Pictures / Jerusalem Photo by: Z. Radovan
Abb. S. 40 unten: © wordpress.com
Abb. S. 41: © PR
Abb. S. 42: © J. Grothus
Abb. S. 43: © akg-images / Gilles Mermet
Abb. S. 44: © PR

Petrus und Paulus in Rom

Abb. S. 45: © PR
Abb. S. 46: © PR
Abb. S. 48: © PR

Paulus-Stätten

S. Paolo alla Regola und S. Maria in Via Lata
Abb. S. 50 oben: © PR
Abb. S. 50 unten: © PR
Abb. S. 51: © PR

Tre Fontane
Abb. S. 52: © PR

S. Paolo fuori le mura
Abb. S. 54: © PR
Abb. S. 55 oben: © PR
Abb. S. 55 unten: © PR

Petrus-Stätten

S. Pietro in Carcere / Der Mamertinische Kerker
Abb. S. 56: © PR
Abb. S. 57 oben: © PR

S. Pietro in Vincoli
Abb. S. 57 unten: © PR
Abb. S. 59: © PR

Domine quo vadis und S. Pietro in Montorio
Abb. S. 60: © PR
Abb. S. 61: © PR

S. Pietro in Vaticano
Abb. S. 62: © Erwin Gatz, Roma Christiana, Regensburg, 2. Aufl. 2008, S. 103
Abb. S. 63 oben: Wikipedia, digitalisiert von Mogadir – Pietro Zander; Fabbrica di San Pietro (Hrsg.): The Necropolis under St. Peter´s Basilica in the Vatican, 2010, CC BY 3.0 (https://commons.wikimedia.org/w/index.php?curid=17495438).
Abb. S. 63 unten: © PR
Abb. S. 64 oben: © PR
Abb. S. 64 unten: © Umberto M. Fasola, Peter an Paul in Rome, Rom 1980, S. 124
Abb. S. 65: © PR
Abb. S. 66: © PR

Abb. S. 68 oben: © PR
Abb. S. 68 unten: © PR
Abb. S. 69: © J. Grothus
Abb. S. 70: © PR

Exkurs: Das Petrusamt
Abb. S. 72: © PR
Abb. S. 73: © PR

Exkurs: Vom Petrusgrab zum Vatikanstaat
Abb. S. 75 oben: J. Grothus
Abb. S. 75 unten: © thinkstock

Exkurs: Die Vatikanischen Museen und die Vatikanische Bibliothek
Abb. S. 76: © PR
Abb. S. 77 oben: © PR
Abb. S. 77 unten: © PR
Abb. S. 78: © PR
Abb. S. 79: © PR

III. Das Rom des frühen Christentums

Die Christianisierung Roms und die Romanisierung des Christentums

Abb. S. 80: © PR
Abb. S. 83: © PR
Abb. S. 86 oben: © PR
Abb. S. 86 unten: © C.M. Kaufmann, Handbuch der altchristlichen Epigraphik, Freiburg 1917, S. 302
Abb. S. 87: © J. Grothus

Orte des frühen Christentums

Katakomben und Märtyrergräber
Abb. S. 89: © Fabricio Mancinelli, Katakomben und Basiliken. Die ersten Christen in Rom, Florenz o.J., Umschlagseite 2 und 3
Abb. S. 91: © J. Grothus
Abb. S. 92: © Fabricio Mancinelli, Katakomben und Basiliken. Die ersten Christen in Rom, Florenz o.J., S. 19
Abb. S. 93: © PR
Abb. S. 94: © PR
Abb. S. 95 oben: © PR
Abb. S. 95 unten: © PR
Abb. S. 96 oben: © PR
Abb. S. 96 unten: © Fabricio Mancinelli, Katakomben und Basiliken. Die ersten Christen in Rom, Florenz o.J., S. 50
Abb. S. 97: © PR
Abb. S. 98: © PR
Abb. S. 99: © PR

S. Giovanni Laterano
Abb. S. 100 oben: © PR
Abb. S. 100 unten: © PR
Abb. S. 101: © PR
Abb. S. 102: © PR
Abb. S. 103 oben: © PR
Abb. S. 103 unten: © PR

S. Croce in Gerusalemme
Abb. S. 104 oben: © PR
Abb. S. 104 unten: © PR
Abb. S. 105: © PR

S. Maria Maggiore
Abb. S. 106 oben: © PR
Abb. S. 106 unten: © PR
Abb. S. 108: © PR

Weitere frühchristliche Kirchen
Abb. S. 110: © PR
Abb. S. 111 oben: © PR
Abb. S. 111 unten: © PR
Abb. S. 112 oben: © PR
Abb. S. 112 unten: © PR
Abb. S. 113 oben: © PR
Abb. S. 113 unten: © PR
Abb. S. 114: © PR
Abb. S. 115: © PR

IV. Das Rom des Mittelalters

Abb. S. 116: © akg-images
Abb. S. 118 oben: © akg-images
Abb. S. 118 unten: © PR
Abb. S. 120: © PR
Abb. S. 121: © PR
Abb. S. 122: © PR
Abb. S. 123: © PR
Abb. S. 124: Wikimedia, von Peter1936F – Eigenes Werk, CC BY-SA3.0, (https://commons.wikimedia.org/w/index.php?curid=32325639)
Abb. S. 125: © PR
Abb. S. 126: © PR
Abb. S. 127: © PR
Abb. S. 128: © PR
Abb. S. 129: © PR

V. Das Rom der Renaissance

Abb. S. 130: © PR
Abb. S. 132: © PR
Abb. S. 134: Wikipedia, von [1], CC BY 2.5, (https://commons.wikimedia.org/w/index.php?curis=13609)
Abb. S. 137 oben: © PR
Abb. S. 137 unten: © PR
Abb. S. 138: © PR
Abb. S. 139: © PR

Exkurs: Babylon und Antichrist? Luther und Rom
Abb. S. 140: © PR
Abb. S. 143: © PR
Abb. S. 144 oben: © PR
Abb. S. 144 unten: © Wikipedia: Von Francesco de' Rossi (+ 1563), The Yorck Project: 10.000 Meisterwerke der Malerei. DVD-ROM, 2002. ISBN 3936122292. Distributed by DIRECTMEDIA Publishing GmbH, Gemeinfrei, (https://commons.wikimedia.org/w/index.php?curid=47195235)
Abb. S. 145: © PR

VI. Das Rom des Barock

Abb. S. 146: © akg-images / Bildarchiv
Abb. S. 149: © J. Grothus
Abb. S. 151: © J. Grothus
Abb. S. 152: © PR
Abb. S. 153: Wikipedia
Abb. S. 154 links: Wikipedia
Abb. S. 154 rechts: Wikipedia
Abb. S. 155: © PR

Exkurs: Bibel gegen Naturwissenschaft? Galilei in Rom
Abb. S. 157: © PR

VII. Das Rom der Neuzeit

Abb. S. 158: © PR
Abb. S. 160: © PR
Abb. S. 162: © PR
Abb. S. 163: © PR
Abb. S. 164: © PR
Abb. S. 165 oben: © PR
Abb. S. 165 unten: © PR
Abb. S. 167: © Foto: Stephan Kölliker, Moos (Schweiz), www.artaphot.ch
Abb. S. 168: © PR
Abb. S. 169 oben: © PR
Abb. S. 169 unten: © akg-images / VIEW Pictures / Edmund Summer

Umschlaginnenseite vorn

Rom z.Zt. des Augustus: Filippo Coarelli, Rom. Ein archäologischer Führer, Freiburg 1981, S. 38

Umschlaginnenseite hinten

Rom - das hist. Zentrum: Erwin Gatz, Roma Christiana, 2. Aufl. Regensburg 2008, hintere Umschlagklappe

Bibelstellen-Register

Orts-Register

T

V

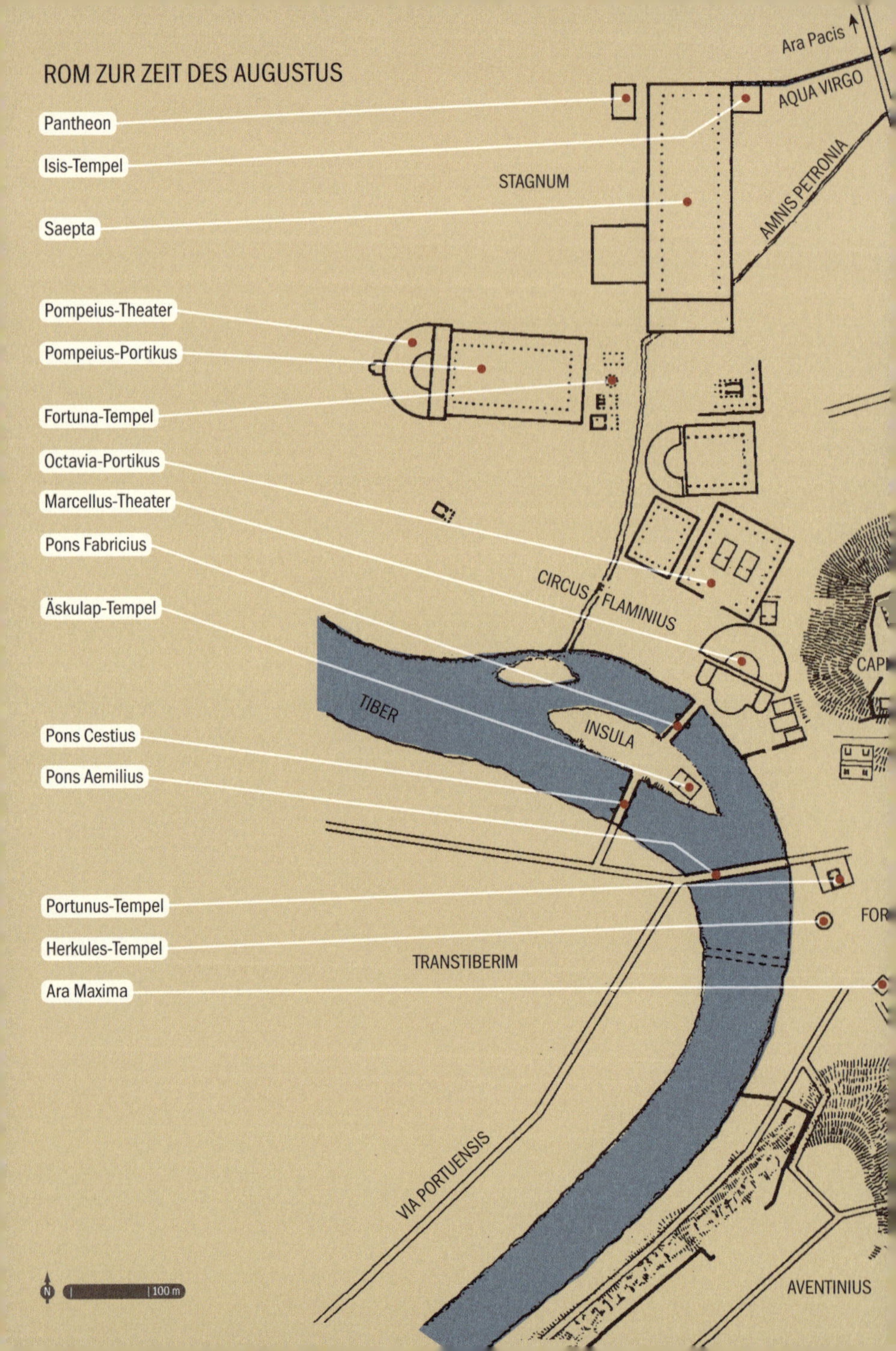
ROM ZUR ZEIT DES AUGUSTUS
Pantheon
Isis-Tempel
Saepta
Pompeius-Theater
Pompeius-Portikus
Fortuna-Tempel
Octavia-Portikus
Marcellus-Theater
Pons Fabricius
Äskulap-Tempel
Pons Cestius
Pons Aemilius
Portunus-Tempel
Herkules-Tempel
Ara Maxima
Ara Pacis
AQUA VIRGO
AMNIS PETRONIA
STAGNUM
CIRCUS FLAMINIUS
TIBER
INSULA
TRANSTIBERIM
VIA PORTUENSIS
AVENTINIUS
N
100 m